DON H. FONTE

# CLAVES PARA PADRES CON HIJOS ADOLESCENTES

longseller

**DON H. FONTENELLE**

# CLAVES PARA PADRES CON HIJOS ADOLESCENTES

longseller

Título original: *Keys to parenting your teenager*

Traducción: Leandro Wolfson
Corrección: Delia N. Arrizabalaga

© 1992 Barron's Educational Series, Inc.

© 2001 Longseller S.A.

Avda. Corrientes 1752
(1042) Buenos Aires - República Argentina
Internet: www.longseller.com.ar
E-mail: ventas@longseller.com.ar

ISBN 950-739-704-3

Esta edición se terminó de imprimir en los talleres de Longsellerr,
en Buenos Aires, República Argentina, en febrero de 2001.

# INTRODUCCION

Cuando mis hijos eran chicos y yo los llevaba a pescar con sus amigos, en repetidas ocasiones me decían: "Papá, cuéntales a Preston y a Glenn de cuando eras joven. Cuéntales cuál era el precio de una Coca y cuánto salía ir al cine. Cuéntales cuántos peces pescabas en Bayou Bienvenue".

No hace falta decir que ha habido cambios significativos desde "los días de antaño" en los que usted y yo (que ahora somos padres de adolescentes) éramos adolescentes. Muchos de estos cambios han hecho que esta etapa sea más difícil para el niño... y para los padres.

Una encuesta realizada a fines de la década del cincuenta y a comienzos de la del sesenta indicó que los adolescentes clasificaban a los padres como las personas más influyentes en sus vidas, mientras que los otros diez puestos también estaban ocupados por personas con autoridad (profesores, entrenadores, figuras políticas, el presidente, etc.). Una encuesta similar llevada a cabo en la década del ochenta clasificaba a los padres en noveno lugar, siendo las únicas personas con autoridad existentes en los diez primeros puestos. Los otros nueve lugares estaban ocupados por figuras del deporte, estrellas de cine, cantantes y otras celebridades de la industria del espectáculo.

En la década del cuarenta y a comienzos de la del cincuenta, los problemas de disciplina más importantes en el colegio, según los profesores, eran hablar, mascar chicle, hacer ruido y salirse de la fila. En la década del ochenta, los problemas eran abuso de drogas y alcohol, embarazo, violación, asalto, agresión, robo, provocación de incendios y uso de artefactos explosivos: una lista mucho más escalofriante.

El divorcio, las madres solteras y las familias ensambladas han aumentado de manera significativa. En muchas familias trabajan ambos padres y los hijos pasan, antes y después del colegio, más tiempo en instituciones barriales bajo la vigilancia de los mayores, o solos. Las drogas son fáciles de conseguir. El cine y la televisión proveen a los chicos de información y experiencias a edad muy temprana. En general, la vida se mueve a un ritmo más acelerado.

En sí misma, la adolescencia es un período de cambio para el chico y los padres. Ya no estamos tratando con un niño, sino con un futuro adulto joven. Por lo tanto, los métodos de disciplina, interacción, comunicación y control deben cambiar. Los padres necesitan tener en cuenta la conducta normal de los adolescentes para tratar eficazmente con ellos día tras día. Con frecuencia, veo a algunos padres que tienen problemas con sus adolescentes porque todavía emplean las mismas técnicas que utilizaban cuando estos eran más chicos.

Este libro fue escrito para ayudar a los padres a tratar con adolescentes que muestran un desarrollo normal y saludable. No se ocupa de los adolescentes con graves trastornos emocionales o serios desórdenes de conducta, o de aquellos que están completamente "fuera de control". En tales casos, se necesitan intervenciones más importantes o ayuda profesional.

Este libro tiene el propósito de ayudar a los padres para que puedan entender mejor a su hijo adolescente y brindarle métodos más idóneos para interactuar directamente con él. El resultado del uso de estas técnicas y conceptos debería ser que el hogar funcione sin complicaciones y que se reduzcan los conflictos que usted vive en esa interacción. He evitado deliberadamente la terminología relacionada con la psicología, las discusiones teóricas y los conceptos abstractos. Usando el lenguaje común, he presentado los conceptos de una manera práctica y realista, con numerosos ejemplos. Esto debería hacer que el libro sea fácil de leer y de entender.

# 1

# CONDUCTAS Y ACTITUDES TIPICAS DEL ADOLESCENTE

La mayor parte de la información escrita sobre los adolescentes hace gran hincapié en los cambios físicos, sociales y emocionales, acompañados por confusión e incertidumbre, que marcan esta etapa de desarrollo. Si bien es cierto que este es un período difícil para el niño, es asimismo verdad que en esta época los padres también están experimentando estrés, cambios y confusión. No se ha escrito demasiado sobre los problemas y preocupaciones de los padres, como tampoco sobre los cambios que están sufriendo a medida que se acercan a la madurez, con un adolescente en su hogar.

Es importante reconocer algunas de las conductas y reacciones normales de los padres y los adolescentes durante este período. Muchos padres sienten que ciertas actitudes y conductas de sus hijos son problemáticas, aunque en realidad forman parte de típicos patrones adolescentes y deberían ser tratadas como tales.

A continuación se dan algunas sugerencias sobre cómo distinguir entre una conducta normal y una anormal en un adolescente, y cómo decidir si el padre debería no darle importancia a esta conducta, o bien darle una importancia leve, moderada o considerable.

**¿Qué es normal?** ¿Qué grado de malhumor es aceptable en un niño? ¿Cuán conversador, rebelde, negativo y oponente debe ser? ¿Cuál es la conducta normal del adolescente?

Estas preguntas son difíciles de responder en forma concreta. En general, la conducta normal es la que no interfiere con la capacidad de la persona para manejarse en su entorno y relacionarse con la gente. Es relativamente fácil encontrar un libro sobre el desarrollo del niño, que nos diga a qué edad este debería caminar, hablar o tener su primer diente. Otros libros nos dirán qué esperar a ciertas edades (como "los terribles dos"). Pero ¿cómo determinar qué es una cantidad normal de indiferencia o malhumor en nuestro hijo adolescente? Para decidir qué es típico hay que tener en cuenta varios factores.

**Esté al tanto de las actitudes y conductas habituales de los adolescentes de la edad de su hijo.** No le estoy recomendando que siga a la multitud o que no sea menos que el vecino. Sin embargo, es necesario que tenga en cuenta el grupo de amigos que tienen la misma edad de su hijo, junto con sus conductas y actos, para determinar si la conducta de su adolescente es típica o es para preocuparse. En otras palabras, debe comparar a su hijo con otros chicos de su edad. Hable con otros padres de adolescentes. Observe a los amigos de su hijo y a otros niños de edad similar.

Varios años atrás, cuando el pelo largo, los pantalones Oxford, las camisas ajustadas y los zapatos de taco alto estaban de moda entre los varones, me llamó un padre para preguntarme si sería posible que yo evaluara a su hijo adolescente para determinar si era homosexual. Cuando acudió a mi consultorio, le pregunté por qué pensaba que el chico era homosexual. A modo de respuesta me señaló el aspecto y la ropa del hijo. Si hubieran puesto a este joven junto a otros 25 chicos de su edad, todos parecerían estar usando el mismo uniforme. Aunque la vestimenta era poco común a los ojos del padre, era muy típica en los chicos de su edad. Hoy en día, cuando escucho a los padres quejarse de la manera desprolija en que se visten sus hijos o que la ropa les queda demasiado grande, les sugiero que vayan al paseo de compras más cercano, se sienten por un rato y miren cómo están vestidos otros jóvenes de la misma edad. Debe tomar en cuenta a los grupos de pares de su hijo —su comportamiento, actitudes, vestimenta, valores— antes de decidir lo que es normal para él. Sin embargo, también debe tratar de determinar cuáles son los grupos "normales" de pares. Algunos grupos se apartan de lo normal y se los puede asociar con dificultades o faltas graves.

Los profesores, entrenadores, tutores, maestros de danza, consejeros estudiantiles y otras personas que trabajan con adolescentes, generalmente están familiarizados con la conducta normal o apropiada para la edad. Aunque es posible que no puedan dar razones acerca de cierto tipo de conducta o recomendaciones para tratarla, pueden identificar las conductas que difieren de aquellas que son propias del grupo de la edad del chico.

**¿Con qué frecuencia ocurre esta conducta?** Todos los chicos, en un momento u otro, se vuelven malhumorados, discutidores o retraídos. No obstante, para determinar si la conducta o la actitud es preocupante, corresponde observar su frecuencia. No es tan raro, por cierto, que un chico se muestre ocasionalmente burlón o insolente, aunque sí lo es que sea impertinente cada vez que les habla a sus padres. Cuanto más frecuente sea la conducta, más se puede alejar de lo normal.

**¿Interfiere la conducta con la capacidad del adolescente de funcionar en su entorno?** Todos nos deprimimos a veces, pero si este sentimiento o actitud hace que no podamos ir a trabajar o terminar las tareas necesarias en el hogar, entonces es para preocuparse. Si no interfiere de manera significativa con nuestro funcionamiento diario, la importancia de esta actitud o conducta es menor. Del mismo modo, la mayoría de los niños tienen aversión a los deberes, y algunos también al trabajo en clase, pero si esta actitud da como resultado notas demasiado bajas o la necesidad de tomar clases complementarias en el verano, no se la puede considerar típica y se le debe dar importancia. Ahora bien, si esta conducta no limita o impide que el adolescente funcione como un chico normal, los padres no deben inquietarse.

**¿Interfiere la conducta con los demás?** La mayoría de los hermanos se pelean, pero si este tipo de conducta por parte de un chico provoca una reacción temerosa o negativa en un hermano, puede ser que no se la considere normal. Un adolescente que se pelea siempre con un hermano menor puede crear problemas en el hogar desde el momento en que vuelve del colegio hasta el momento en que se va a acostar. La conducta que interfiere significativamnte con la rutina, la conducta y las actividades de otros miembros de la casa puede alejarse de lo normal y ser inquietante.

**Tenga en cuenta las diferencias individuales.** Los chicos tienen diferentes personalidades. Un chico puede ser sensible, otro conversador, un tercero tímido, y así sucesivamente. Para determinar si el comportamiento es normal, debe tener en cuenta no sólo el grupo de pares del adolescente sino también su caso individual. Por ejemplo, es posible que un chico que nunca ha sido muy conversador y tiende a reprimir sus emociones, manifieste esta conducta en mayor grado cuando llegue a la adolescencia, o que un chico terco y obstinado sea más rebelde durante la adolescencia que uno dócil y pasivo.

En general, para determinar si la conducta es normal o si se le debe dar importancia, se pueden formular las siguientes preguntas: ¿Cuánto difiere cierta conducta o actitud, comparada con la de un grupo de la misma edad de su hijo o con su personalidad normal? ¿Con cuánta frecuencia ocurre? ¿Interfiere con los demás o con la capacidad del chico para enfrentarse a su entorno o interactuar con la gente (no sólo con sus padres, sino también con profesores, entrenadores, amigos, vecinos y otras personas con las que trata diariamente)?

# 2

# LA PERCEPCION DE SU ENTORNO POR PARTE DE LOS ADOLESCENTES

Hay una cita en mi consultorio que dice: "Hasta que no se haya puesto en los zapatos del niño y adaptado su propio enfoque al entendimiento de él, usted no se está comunicando con él en absoluto. Está hablando solo". La mejor manera que uno tiene de entender la percepción del entorno por parte de los adolescentes, probablemente sea pensar en su propia adolescencia y tratar de recordar algunos de los sentimientos, esperanzas e ideas que tenía en esa época. Muchos padres tienden a olvidar este período de su vida cuando tratan con su hijo adolescente. El siguiente ejemplo exagerado puede ayudarle a ver el entorno a través de los ojos del chico. Aunque es extremo y ridículo, trata de transmitir el panorama general de la relación padre-hijo durante este período de prueba que es la adolescencia.

Imagínese que usted es uno de los jóvenes más brillantes del mundo. Sabe casi todo lo que hay que saber y su nivel de inteligencia es igual al de Albert Einstein o apenas un poquito menor. Además de este nivel intelectual extremadamente alto, cuenta con una enorme cantidad de información sobre el mundo y la vida en general, sobre lo que es importante y lo que no lo es. Gracias a su vasto intelecto, es consciente de todo lo que debería saber y puede manejar la mayoría de las situaciones problemáticas de una manera muy eficaz.

Ahora imagine que usted trabaja para dos personas mayores que usted y que padecen discapacidad mental. El nivel de inteligencia de estas personas está muy por debajo del suyo y el conocimiento que poseen del mundo es extremadamente limitado. A pesar de todo, siempre le están diciendo lo que puede o no puede hacer. También le dan instrucciones acerca de cómo hacer ciertas cosas y le dicen qué es y qué no es importante. Le piden que efectúe tareas que no tienen sentido, y generalmente usted no encuentra la lógica de sus exigencias o pedidos. Hablan de cosas que no le parecen ni importantes ni pertinentes, ni tienen nada que ver con su trabajo o situación actual. Tratan de explicarle el panorama general de la vida y sus diferentes problemas, aunque ellos mismos no lo entienden del todo. Continúan haciéndolo incluso después de que usted ha intentado varias veces demostrarles que no saben de qué están hablando, o que no entienden una situación en particular, o que lo que dicen no tiene nada que ver con lo que realmente está sucediendo. Persisten en molestarlo con instrucciones, pedidos, exigencias e informaciones poco pertinentes o desvinculadas de lo que usted hace. Frente a esta situación, ¿cómo se sentiría?

Para empezar, probablemente estaría enojado gran parte del tiempo porque estas dos personas, intelectualmente inferiores, le dicen siempre lo que tiene que hacer. Es posible que usted murmure mucho entre dientes, sacuda la cabeza y hable lo menos posible con esas personas obviamente inferiores. Si le dijeran que hiciera algo, probablemente haría lo contrario o lo que usted considerara necesario, en vez de acceder a su pedido. También se mantendría alejado de ellas lo más posible y pasaría más tiempo con amigos que fueran tan inteligentes como usted o entendieran las cosas con su mismo alto nivel de comprensión. Probablemente también se olvidaría de hacer algunas de las cosas importantes que le solicitaran y en su lugar tomaría parte en actividades que usted juzgó valiosas.

En este ejemplo, es probable que haya podido identificar al adolescente como el que tiene el alto intelecto y a los padres como a los empleadores intelectualmente inferiores. Por lo común, uno supone que los amigos son las únicas personas  de inteligencia parecida a la propia.

En el pasado, la adolescencia solía iniciarse a los 13, 14 ó 15 años de edad. Hoy, las actitudes y conductas típicas de los adolescentes comienzan a aparecer a los 11 ó 12 años e incluso a veces un poco antes.

Para ayudarlo a entender mejor este período inestable, en las Claves 3 y 4 me ocuparé de algunos de los cambios que veo tanto en los padres como en los adolescentes, cambios de los que casi nunca hablan los libros que versan sobre esta etapa de la vida del niño.

# 3

# CAMBIOS EN LOS PADRES

Si bien el adolescente sufre numerosos cambios, los padres también sufren algunos. Los cambios de los padres pueden estar conectados con algunos temas importantes que afectarán su capacidad para tratar con sus hijos adolescentes (como por ejemplo problemas matrimoniales, depresión, crisis de la mediana edad, dificultades económicas, crisis de identidad, la angustia que crea el "nido vacío", dificultades para dejar que sus hijos se transformen en adultos y otros problemas de la "vida real". Sin embargo, existen otros cambios sobre los cuales normalmente no se habla o no se escribe. A continuación se dan algunos ejemplos.

**Disminuye su inteligencia.** Creo que fue Mark Twain el que dijo algo parecido a esto: "Cuando tenía dieciséis, mis padres eran muy estúpidos. Cuando tuve veinte, fue increíble ver cuánta información y conocimiento habían adquirido en esos breves cuatro años". Aunque no existen pruebas científicas que fundamenten esta teoría, parecería como si la energía necesaria para que el niño se desarrolle físicamente durante la adolescencia fuera extraída directamente del cerebro de los padres. El resultado final es que perdemos puntos de cociente intelectual y nos tornamos menos inteligentes que cuando el niño tenía nueve o diez años. A raíz de esta pérdida de inteligencia, nuestra lógica y nuestro razonamiento se vuelven defectuosos. Nos acercamos a la vida y al mundo con una capacidad muy limitada, y nuestra aptitud para brindar información y una orientación adecuadas se reduce en grado significativo. En otras palabras, nos ponemos más tontos y no sabemos de qué estamos hablando.

**Sobrevienen cambios físicos.** Cuando su hijo entra en la adolescencia, la persona que usted ve en el espejo parece ser la misma de siempre. Sin embargo, usted ha sufrido algunos cambios que para usted son imperceptibles, pero muy evidentes para su adolescente.

Por desgracia, no se sabe con exactitud cuáles son estos cambios específicos. Puede ser su vestimenta, su manera de hablar, su aspecto físico, su conducta o su peinado, pero sin duda hay algo que definitivamente ha cambiado para mal. El joven que, en el pasado, siempre quería estar con usted, al llegar a la adolescencia no quiere ser visto en su presencia. Es como si, por alguna razón desconocida, usted le produjera a su hijo una vergüenza total. A raíz de este cambio inusual en su aspecto físico, su actitud o sus palabras, es posible que su adolescente deje de llevar a los amigos a su casa porque usted lo avergüenza. Si él o ella invita a alguien, es muy probable que se pasen todo el tiempo encerrados en la habitación, y procure minimizar cualquier tipo de interacción con el padre. Si lleva a su hijo a un partido de fútbol o al cine, tal vez tenga que dejarlo a una cuadra o dos de la cancha o a la vuelta del cine, para que ninguna de las otras personas inteligentes (traducción: sus amigos) lo vean con usted. A los adolescentes no les gusta ser vistos en público con sus padres, y cuando estén paseando juntos por un centro de compras, ellos caminarán tres metros adelante o detrás de usted. Aunque antes les gustaba salir a comer con usted y participar de otras actividades familiares, ahora tienden a evitar las situaciones en que la gente pueda pensar que usteden son sus padres. Esto incluso sucede en marcos familiares como las casas de parientes o amigos. Por ejemplo, cuando visitaba a sus padres cada domingo, usted solía llevar a todos sus hijos; ahora el adolescente no quiere formar parte de ninguna reunión familiar.

**Desarrolla senilidad o amnesia.** O bien usted se pasó toda su adolescencia durmiendo o tiene una amnesia total con respecto a este período de su vida. No recuerda cómo es ser

**15**

adolescente, ni entiende lo que su hijo o hija está viviendo. Como no tiene ni idea sobre lo que significa tener 13 años, no hay manera de que pueda identificarse con las experiencias, los problemas, las necesidades o los deseos de su hijo.

Esta mala memoria o amnesia también abarca otras cosas. Su manera de cocinar es uno de los problemas. Aparentemente, usted se ha olvidado de cómo se preparan las comidas, ya que su hijo no quiere comer casi nada de lo que usted cocina. Por más que le prepare una deliciosa comida de siete platos, su adolescente la mirará con desdén y se engullirá el contenido de un par de latas de arvejas. También se ha olvidado de cómo hacer las compras y nunca tiene nada bueno para comer en su casa. Aunque haya gastado $200 en el supermercado y tenga la heladera y las alacenas llenas de provisiones y de comidas preparadas, la queja común del adolescente será: "En esta casa nunca hay nada para comer". Si le pregunta a un adolescente qué le gustaría que comprase o preparase, es probable que no reciba ninguna respuesta. De hecho, sería más fácil obtener información secreta del Pentágono que obtener esta información de sus hijos. Tal vez en parte, el hecho de no comer lo que usted cocina tenga que ver con la necesidad de sentarse a la mesa con la familia: para algunos adolescentes, esta práctica también se torna bastante inaceptable durante este período. No obstante, si usted prepara un plato de comida y lo deja sobre la cocina o lo pone en la heladera, se encontrará con que más tarde por lo general desaparece. Si su hijo prefiere comer sándwiches, salchichas o pochoclo en vez del jugoso bife que usted le ha preparado, le sugiero que compre una buena provisión de ese tipo de comida para él ¡y vaya a disfrutar de su propia cena!

Los padres de adolescentes también se tornan olvidadizos y tienden a decirles las mismas cosas una y otra vez. Luego de escuchar varias veces en una semana el Sermón 35, lo saben de memoria y, en verdad, pueden repetir la mayoría de nuestros sermones palabra por palabra. Para ayudar a su mala memoria, sería bueno que usted marcase en el calendario el día y la hora en que el niño recibió el sermón.

**Sufre regresiones.** Sucede que cuando su hijo era más chico, usted sí entendía sus situaciones, sentimientos y necesidades. Ahora que ha llegado a la adolescencia, algo ha hecho que usted vuelva atrás en el tiempo a los "días de antaño", cuando era joven. No está al tanto de la moda, ya no "tiene la precisa", y esto le impide entender a su adolescente. Constantemente rememora los días en que una Coca valía cinco centavos, el cine costaba quince y usted tenía que caminar siete kilómetros en la nieve para llegar a la escuela. Escucha música vieja y no sabe cuál es la vestimenta de moda entre los adolescentes, cómo actúa la mayoría de la gente o qué les permiten otros padres a sus hijos. Ni siquiera conoce los nombres de las bandas de rock actuales. Asegúrese especialmente de no comprar ropa para su hijo, porque usted no tiene ni la más mínima idea respecto de lo que todos usan. Hasta algunos adultos intelectualmente limitados (los padres de las amigas de su hija) saben más que usted sobre lo que está pasando.

**Disminuye su capacidad para comunicarse.** Cuando habla con su hijo adolescente, lo mira como si estuviera loco y/o como si no entendiera nada de lo que está diciendo. Mira el techo o el suelo, piensa en lo que va a hacer más tarde, o tararea su canción favorita, ya que nada de lo que usted dice tiene sentido. Cuando le pide que haga algo, parece que no lo escuchara, o hace exactamente lo opuesto de lo que usted le sugirió o pidió. ¿Es posible que haya perdido la capacidad de comunicarse como corresponde? Muchas de sus conversaciones con su hijo provocan en este sólo una mirada en blanco. O usted se ha olvidado de cómo comunicarse o le está hablando en otro idioma.

**Se vuelve irritante.** A veces su mera presencia cerca del adolescente lo irrita, y por favor, no le haga la simple pregunta de "¿Cómo te fue hoy?", ya que tendería a exasperarlo y a provocar una respuesta displicente o hasta una mirada amenazadora. A veces, cualquier cosa que usted haga lo fastidiará. De todas maneras, usted no sabe hacer otra cosa, más que formularle un montón de preguntas estúpidas o decirle lo que ya ha escuchado un millón de veces.

**Disminuye su influencia.** Durante este período, lo que usted dice significa muy poco para su hijo y en consecuencia, influye menos sobre su conducta. Las opiniones y valores de otra gente, sobre todo los de sus pares, se vuelven mucho más importantes que los de usted. Cuando el niño empieza a concurrir a la escuela primaria, los padres ejercen una tremenda influencia sobre su conducta; ninguna otra persona, cosa o suceso causa tanto impacto en el niño. Hacia el final de este nivel de estudios, la influencia de los padres disminuye un poco, pero todavía gravita en el niño y es casi igual a la de sus pares y otros factores. Sin embargo, cuanto más avanza, más disminuye drásticamente, tanto como aumenta la de los pares.

# 4

# CAMBIOS EN LOS ADOLESCENTES

De la misma manera en que usted experimenta muchos cambios cuando su hijo llega a esta etapa, los adolescentes también experimentan numerosos cambios.

**Aumenta su inteligencia.** Como ya hemos dicho en la Clave 3, de pronto los adolescentes se vuelven muy inteligentes y saben todo lo que hay que saber. Están familiarizados con todos los temas y conocen todas las respuestas correctas. Una vez vi un cartel que decía: "Adolescentes: ¿cansados de que sus estúpidos y anticuados padres los molesten? ¡Múdense, consigan trabajo y paguen sus propias cuentas mientras todavía lo saben todo!"

**Los amigos están mejor informados.** La inteligencia de los amigos de su hijo también aumenta notablemente. Los chicos del barrio, a quienes ha conocido por muchos años, experimentan de pronto un drástico aumento en su potencial intelectual y se convierten en autoridades en una variedad de materias. De hecho, a raíz de este alto nivel de inteligencia y conocimiento mundano, la mayoría de sus amigos podrían ser asesores presidenciales. Si un amigo dice algo, es un hecho y tiene que ser verdad. Recuerdo que hace alrededor de un año uno de mis hijos, quien jugaba al béisbol en el colegio, dijo que quizás pudiera jugar al sóftbol para un equipo local. Como sé un poco sobre béisbol, le dije que no me parecía una buena idea, ya que su ritmo podría verse afectado: acostumbrado al lanzamiento rápido del béisbol, podría tener dificultades para adaptarse al lanzamiento lento que se usa en el sóftbol. Naturalmente, me miró como si estuviera loco y procedió a anotarse en el equipo. Un par de semanas más tarde, comentó que después de todo no iba a jugar al sóftbol porque su amigo Dwayne había mencionado que podría arruinar su lanzamiento y su ritmo. Aunque no dije nada en ese momento, pensé: "Ya había escuchado ese consejo en algún lugar. Parece que cuando la persona mentalmente discapacitada [yo] dijo eso, no significó mucho para él, pero cuando el consejo vino de uno de sus pares, fue la verdad."

**Disminuye la comunicación.** El niñito que solía hablarle con frecuencia y le contaba todo lo que pasaba, ahora es un adolescente que tiene muy poco que decir. No se comunica seguido ni se explaya. De hecho, las respuestas a sus preguntas generalmente conforman una producción verbal mínima y pueden consistir apenas en una o dos palabras. El niño que solía compartir sus sentimientos, actitudes y opiniones pareciera ya no querer confiar en usted. Si la situación se revirtiese, probablemente usted tampoco querría malgastar su tiempo hablando a adultos estúpidos que no entienden mucho del mundo.

**Su habitación cobra importancia.** Los adolescentes tienden a pasar una gran parte del tiempo en su habitación. Una razón probable es que así pueden escapar de adultos molestos que no entienden nada de cuanto les está sucediendo. Si tienen un televisor o un teléfono en su propio dormitorio, usted sólo verá a sus hijos cuando salgan para ir al baño o a la heladera.

También pasan gran parte del tiempo en su habitación, porque duermen muchísimo. Pareciera que lo necesitan. Levantarte antes del mediodía durante el fin de semana es algo que hacías cuando eras chico. El otro día, mi padre y mi hijo mayor estaban sentados ante la mesa de la cocina. Mi hijo se está preparando para entrar al primer año de la universidad y hablaba de elegir una carrera. Mi padre le dijo que estudiara "dormir": ¡lo hacía tan bien que podría ganar un millón de dólares al año si consiguiera un trabajo en el que pudiera dormir!

Otro cambio es la mayor necesidad de privacidad. Como la mayoría de los adultos, el adolescente necesita privacidad:

en su habitación, al recibir la visita de sus amigos o al hablar por teléfono. Los padres deberían respetarle ese derecho.

**Adquieren acciones.** Parece que los adolescentes creen que han heredado acciones de una compañía telefónica, así como de algunas estaciones de radio específicas y/o compañías discográficas. Por lo tanto, deben hablar constantemente por teléfono, escuchar la radio o su equipo de música, para hacer que sus acciones tengan más valor. El teléfono de los padres está siempre sonando porque otros adolescentes también creen que tienen acciones en una compañía telefónica. Cuanto más usen el teléfono, más subirán las acciones. Otra creencia adolescente es que cuanto más alto esté el volumen de la radio o el equipo, más valor tendrán las acciones. Algunos adolescentes deben pensar que tienen acciones en la compañía de electricidad, ya que nunca apagan los electrodomésticos o las luces.

**El enojo está presente.** Con frecuencia, el adolescente parece enojado o resentido. ¿No se sentiría usted de la misma manera si dos personas menos inteligentes le dijeran qué hacer todo el tiempo? A raíz de este enojo, con frecuencia murmura o habla entre dientes. Si le pide que haga algo, como sacar la basura, incluso mientras hace esta tarea habla entre dientes, pone cara rara y sacude la cabeza, disconforme ante esos estúpidos adultos que interrumpen sus trascendentales actividades.

**Aumenta la influencia de los pares.** Los grupos de pares son muy importantes para los adolescentes. La mayoría de sus amigos son lo bastante inteligentes como para ser asesores presidenciales. Por lo tanto, por el deseo del adolescente de pasar la mayor cantidad de tiempo posible con individuos similares a él en cuanto a su capacidad, tiende a retirarse de las actividades familiares que solía disfrutar (la cena del domingo en casa de la abuela), a sentirse insultado o fastidiado si le pide que haga algo con usted y prefiere estar con sus amigos antes que con los padres. Quizá considere la posibilidad de ir con usted, si también invita a alguno de sus amigos, pero dicha posibilidad es escasa. Dado que la gente acepta los consejos y valora las opiniones de otros a los que siente tan inteligentes como ellos, para el adolescente la influencia de los pares se torna más importante que la de los padres.

**El malhumor es común.** En este período, es posible que su hijo esté malhumorado, se enoje con facilidad y se frustre rápidamente. Estas emociones son típicas de esta edad. En general, los cambios de humor se calman pronto, aunque ocurran con frecuencia.

**Crecen la terquedad, la oposición y la resistencia.** Durante la adolescencia, la obstinación y la terquedad se intensifican, y es posible que el chico que solía ser dócil y pasivo comience a decirle lo que piensa y se rehúse a cumplir sus deseos. Si lo hace de una manera apropiada y en un tono que no sea impertinente o insolente, esta conducta es bastante típica. Si usted dice "Es negro", el adolescente va a decir "Es blanco", sólo para reafirmar su independencia. De la misma manera, si usted decide que no le gusta cierta prenda, su hijo probablemente la use hasta que sea sólo jirones.

**Se viste a la moda.** Hay un código tácito de vestimenta adolescente por el cual todos se quieren vestir como el resto de sus amigos; así, parece que estuvieran uniformados. Si un cierto estilo o marca de jeans o zapatillas está en la lista de este código que cambia incesantemente (para consternación de los padres, quienes tienen que hacerse cargo de las cuentas), usará eso y nada más que eso, pues de lo contrario estará sin el uniforme.

**Declina el interés por el estudio.** Las calificaciones pueden deteriorarse a la par que aumenta el desinterés por el colegio. Cuando un niño tiene entre siete y diez años de edad, su mochila pesa 7 kilos y debe poner allí 3 kilos de actividades e intereses. En la adolescencia, todavía tiene la misma mochila de 7 kilos pero ahora debe ubicar allí 15 kilos de intereses y actividades. Los partidos de fútbol, el sexo opuesto, las charlas telefónicas y las fiestas desplazan al trabajo escolar. A causa de estos intereses y actividades adicionales, las notas pueden deteriorarse y el niño puede no hacer todo lo que se supone que debe hacer con respecto a sus tareas escolares.

**El trabajo se transforma en una mala palabra.** Muchos padres describen a su adolescente como un "vago", pero no quieren decir con ello que el chico sea poco activo. Lo que sucede es que los adolescentes evitan el trabajo. Se dedican a sus intereses y actividades, pero si uno les pide que hagan algo en la casa o ayuden en una tarea, desaparecen, encuentran otras cosas que hacer o dicen: "Tengo toneladas de deberes". Su tarea primordial es ser adolescente, y esto requiere la menor cantidad de trabajo posible. Su tarea tiene que ver con divertirse, hablar por teléfono, ir a diferentes lugares con amigos, escuchar música, etc. Evitan el trabajo porque interfiere con su tarea.

Estas conductas y actitudes son algunas de las más típicas en los adolescentes. Si su hijo muestra alguna de estas características, es posible que sea un adolescente típico, por lo que no debe darle gran importancia. Lo que sí debería importarle es la manera de tratar a su hijo durante este período. Gran parte de este libro pretende ayudar a los padres a abordar con eficacia las conductas adolescentes típicas, así como los problemas que ocurren durante esta etapa del desarrollo.

# 5

# ¿QUE HICE PARA PROVOCAR ESTA CONDUCTA?

Con mucha frecuencia escucho que los padres dicen:

- Mi hija está muy malhumorada y tiene una actitud muy negativa. ¿Qué estoy haciendo mal?
- Mi hijo tiene más capacidad que mi hija, pero él tiene dos materias con bajas calificaciones y ella está en el cuadro de honor.
- Mi hijo menor no acepta que le diga que no a nada, mientras que el resto de mis hijos me hacen caso.
- He tratado a mis hijos de la misma manera. ¿Por qué él nos da problemas y los otros no?
- Mi hija mayor confía en mí y yo siempre sé cómo se siente y qué le pasa. Sin embargo, mi otra hija expresa sus sentimientos muy de vez en cuando y tiende a ser muy reservada.
- ¿Por qué la penitencia parece afectar a mi hija pero no a mi hijo?

La conversación habitual que sigue a comentarios como los mencionados se centra alrededor de la pregunta de los padres "¿Qué hice para provocar esto?". Como se indicó en la Clave anterior, ciertas conductas que emergen en la adolescencia tienen muy poco que ver con la reacción o interacción de los padres con sus hijos. Algunas son el resultado de la personalidad de los jóvenes y es posible que ya pongan de manifiesto ciertas características. Si bien es cierto que el entorno influye, cambia y moldea las conductas, desafortunadamente algunos profesionales de la salud mental le atribuyen la responsabilidad total por los problemas del chico. En otras palabras, ven a los padres como la única causa de tales problemas. Aunque la manera en que interactuamos y tratamos a nuestros hijos afecta en gran medida su actitud y conducta, no es verdad que los padres sean siempre responsables de todos los problemas que se manifiestan en un niño. Algunos niños son capaces de disociar una familia, así como algunas familias pueden obstaculizar el desarrollo normal del chico. Eso quiere decir que un chico hiperactivo puede deteriorar la capacidad de una familia para funcionar, de la misma manera en que un padre alcohólico puede tener un efecto sumamente negativo sobre su familia.

Yo era muy idealista cuando recién salí de la universidad, y pensaba que lo sabía todo. Creía que el entorno era el factor que determinaba y moldeaba la conducta y la personalidad. Ahora tengo más años y (así lo espero) más sensatez, y me he dado cuenta de que hay muchas cosas que no sé. También he aprendido a tener respeto por los efectos de la herencia en las características de la personalidad. Si bien es cierto que el entorno y la manera en que tratamos a nuestros hijos puede moldear la personalidad y desarrollar ciertas conductas, las personalidades de algunos chicos son muy claras a muy temprana edad. Los padres de un chico terco y obstinado recuerdan que estas características ya estaban presentes al comienzo de la niñez. Cuando este chico tenía dieciocho meses, ya se quería vestir y bañar solo, y tenía una preferencia definida por lo que quería vestir o comer. Es posible que otro chico de la misma familia haya sido más dependiente y pasivo, y habría dejado que los padres lo vistieran hasta los dieciocho años si los padres hubieran querido.

No todos los chicos sienten, piensan y actúan igual. La mayoría de los padres son conscientes de esto cuando describen a sus hijos. Tal vez yo diga: "Mi hija menor es muy extrovertida. Habla con cualquiera. Mi hijo menor es un poco tímido y sensible. Es de pocas palabras". Pero aunque los padres reconozcan y disciernan las *diferentes* características de la personalidad de sus hijos, con frecuencia utilizan los *mismos* métodos para manejarlos, disciplinarlos o enseñarles a todos. Lo que funciona con un hijo no necesariamente funcionará con otro. Usted y yo no tratamos a todos los adultos de la misma manera. Por ejemplo, es probable que le diga a uno de sus amigos: "¡Sí que engordaste!", y él se reirá y hará bromas al respecto. Pero si le dice lo mismo a otra persona, es posible que hiera sus sentimientos. Por lo tanto, teniendo en cuenta la personalidad de cada uno, tratará a la gente de distinta manera. Lo mismo es válido para los niños.

La conducta que vemos en nuestros hijos es el resultado de la interacción entre su personalidad y el entorno (la situación familiar, cómo los tratan). Por ejemplo: estoy en una habitación con cinco personas y digo un chiste. Una persona se ríe, otra siente vergüenza, otra se levanta y se va, la cuarta me da un sermón sobre mi conducta, y la quinta me da una trompada en la nariz. ¿Quién o qué es responsable por estas conductas? Por cierto no el entorno en su totalidad (es decir, lo que yo dije) ya que el mismo entorno produjo diferentes reacciones y conductas en cada una de las cinco personas. La conducta es el resultado de la interacción entre el entorno y la personalidad de la gente involucrada. Por lo tanto, si su hijo llega a ser presidente, usted no se puede atribuir todo el mérito. Por otra parte, si causa problemas en el colegio o tiene conductas inapropiadas, tampoco puede asumir toda la culpa. La conducta del niño es el resultado de su personalidad (las características con las que nació) y la forma en que fue tratado (el entorno).

Si las técnicas que está usando funcionan con algunos de sus hijos pero no con otros, los métodos en sí no son los equivocados o inapropiados. Lo que sucede es que no es la técnica correcta para un chico en particular. Si fuera mala, no funcionaría con ninguno. La técnica que usted utiliza para tratar cierta conducta de su hija puede ser buena y funcionar perfectamente para ella, pero no funciona con su hijo, que tiene una personalidad diferente. Ponga a su hijo en otro entorno (trátelo de diferente manera) y es probable que vea reacciones y conductas completamente distintas. Cuantas más técnicas conozca para abordar la conducta de su hijo, más posibilidades tendrá de obtener buenos resultados.

¿Un niño nace con su conducta o esta es el resultado del aprendizaje que ocurre en su entorno? Algunos profesionales le asignan más peso a la herencia como determinante de la conducta, mientras que otros creen que el entorno es más importante. Sin embargo, la mayoría ve a la conducta como resultado conjunto de la herencia y el entorno; es decir que los niños nacen con ciertas características y su entorno es el que determina qué características serán dominantes y cuáles cumplirán sólo un papel menor. La herencia prepara el escenario, pero el entorno determina los actores que se utilizarán y el alcance de sus roles. Por esto, el entorno del niño puede ser un factor decisivo para cambiar las acciones indeseables o incrementar las deseables.

Algunos padres se lamentan: "Parece que hubiera sido terco toda su vida. Creo que nació así". Estas observaciones pueden ser precisas, pero no significa que las conductas indeseables no se puedan cambiar o reducir a meras características personales. Por ejemplo, es posible que un niño haya nacido tímido. De pequeño, no le hablaba a la gente. Cuando le hablaban, se escondía detrás de su madre. Si este niño en particular crece en un entorno lleno de negativismo, críticas, gritos o un gran énfasis en la mala conducta, su timidez se puede intensificar. Si vive en un entorno positivo, que tiende a promover la individualidad y aumentar la confianza, su timidez no será tan intensa. Aunque el joven siga siendo algo tímido toda su vida, la conducta característica puede pasar a segundo plano y no interferir significativamente con su interacción social.

Al tratar con adolescentes, los padres deben tener en cuenta que los niños son individuos. Por lo tanto, para aumentar las probabilidades de obtener buenos resultados deben utilizar métodos individuales. La conducta de un niño es el resultado de la interacción entre su personalidad y el entorno. Aunque el entorno (es decir, la manera en que usted trata a sus hijos) no es siempre la única razón por la cual un niño se comporta de cierta manera, se pueden producir cambios en la conducta, modificando el entorno y variando las técnicas y los métodos empleados.

# 6

# SU HIJO SE ESTA TRANSFORMANDO EN UN ADULTO JOVEN

Si bien muchos de los cambios adolescentes que se describieron en la Clave anterior irritan a los padres y causan algunos problemas dentro de la familia, pueden ser considerados parte integral del desarrollo normal del adolescente. La terquedad, la independencia y el alejamiento de los valores parentales generalmente reflejan un crecimiento saludable y el paso de la adolescencia a la adultez. Algunas de las conductas típicas que se ven durante esta etapa son intentos por parte del adolescente, de abordar enormes tareas del desarrollo. Algunos ejemplos le ayudarán a aclarar el panorama.

Durante el desarrollo, los adolescentes experimentan la necesidad de separarse de esa familia que en la niñez les resultaba tan cómoda. Avanzan por un camino solitario entre la familia de su infancia y su destino final en la adultez. No es un camino del que puedan escapar. Para cumplir esta tarea, con frecuencia se apegan a los valores idealizados de sus amigos y le restan valor a las opiniones, ideas y conductas de sus padres y de la familia. Pasan mucho tiempo solos en su habitación, no porque desprecien a sus padres, sino porque están buscándose a sí mismos. En este esfuerzo solitario, y sintiéndose alienados, es posible que también busquen aceptación y amor en otros lugares, a menudo en los sitios equivocados.

A lo largo de la adolescencia se da un proceso de *formación de la identidad*, es decir, el desarrollo de una identidad única, una persona con valores, definiciones, aspiraciones y una orientación propias. Esta identidad se crea en gran medida a través de la experimentación y diferenciación respecto de los valores de los padres. Este fenómeno da cuenta de gran parte de las contradicciones en que se debate el adolescente durante este período y de su rebeldía: su necesidad de comportarse, vestirse y pensar distinto de sus padres. Los padres necesitan entender esto y no tildarlo sólo de arrogancia desconsiderada.

Durante esta etapa, tiene lugar un nivel diferente de pensamiento. Los adolescentes desarrollan la capacidad de pensar en un nivel abstracto, mientras organizan y consolidan su identidad. Reflexionan sobre algunas preguntas profundas: quiénes son, qué es importante para ellos, cuál será el sentido de su vida, en qué creen. Juzgan el mundo que está a su alrededor, en parte de acuerdo con esas preguntas. Esto es saludable. Pueden volverse radicalmente idealistas, en especial por oposición a los valores y estilos de vida de sus padres, resultado de un pragmatismo y una transigencia inevitables.

**Cambie de método para tratar con su hijo.** Sobrevienen muchos cambios en el adolescente y, como padres, también hacemos los cambios adecuados, para relacionarnos e interactuar con él de manera eficaz. Al tratar con su hijo, debería utilizar preferentemente métodos que no produzcan más rebelión, oposición, enojo y rebeldía, ya que este tipo de actitudes abundan.

Probablemente, la modificación más importante que los padres deban efectuar es darse cuenta de que ya no están tratando con un niño sino con un *adulto joven*. Muchas de las técnicas que funcionan con un niño no sirven con un adolescente o crean más problemas de los que resuelven. De alguna manera, al niño los padres pueden controlarlo, pero este enfoque no funciona bien con un adolescente. Los padres de los adolescentes deben darse cuenta de que este es un período de transición, en el cual los métodos utilizados para tratar con un niño deben ser reemplazados por otros más parecidos a los utilizados con amigos u otros adultos.

Durante esta etapa, tanto los padres como el hijo se sienten muy confundidos. Es posible que el adolescente pida que se lo trate como a un adulto pero siga actuando como un niño. Al mismo tiempo, el padre que le pide al adolescente que actúe como un adulto maduro, sigue tratando al joven como si fuese un niño. Para que los niños hagan ciertas cosas tendemos a estarles encima, recordárselas o forzarlos a que las hagan. Al llegar a la adolescencia, este proceso debe ser modificado: para la conducta del adolescente hay que adoptar un método adulto.

Varios conceptos y técnicas pueden tenerse en cuenta al pasar por la transición que implica dejar de tratar con un niño para tratar con un adulto joven.

**Evite las luchas de poder.** Cada vez que comience una lucha de poder con su adolescente, automáticamente perderá. Lo que debe hacer es no forzar a su hijo a hacer ciertas cosas o comenzar luchas de poder. Si se niega a cooperar, deje en claro algunas reglas y consecuencias que usted puede hacer respetar y controlar.

Algunos padres que mantienen peleas con sus hijos sienten que siempre deben ganar, es decir, deben controlar al chico y obligarlo a hacer exactamente lo que se le dice o lo que se supone que debe hacer. Estos padres pelean continuamente, pero nunca ganan la guerra. En su mayor parte, este enfoque tiene que ver con las luchas de poder que libran con el adolescente (limpia tu dormitorio, corta el césped, deja de hablar por teléfono).

A veces es mejor centrarse en ganar la guerra y olvidarse de ganar batallas individuales. En otras palabras, pase a ejercer un tipo de control diferente. Posiblemente sea mejor que el adolescente *sufra las consecuencias* de no hacer lo que se le pidió en vez de forzarlo a hacer lo que se le pidió. Con suerte, luego de que esto suceda varias veces, tal vez obtenga más cooperación por parte del joven. Por ejemplo: un adolescente está hablando por teléfono y se le dice que puede hablar sólo hasta las diez de la noche, de lo contrario no podrá usar el teléfono mañana. En vez de pelearse con el chico a las diez y forzarlo a cortar, sería mejor ignorar su conducta e imponer la consecuencia al día siguiente. Pero el padre debe mantenerse firme y, como lo prometió, no dejarle usar el teléfono. Otro ejemplo sería el del adolescente cuya asignación de dinero mensual depende de que corte el césped. El lunes se le dice que, para poder recibir su estipendio, el césped debe estar cortado para las siete de la tarde del viernes. En lugar de recordárselo constantemente durante toda la semana, el padre debería decírselo una vez y no mencionar más el asunto. Posiblemente sea más importante para el chico perder su dinero por no cortar el césped que para el padre hacérselo cortar. Al dirigirse a su hijo de esta manera, evitará luchas de poder, rezongos y gritos, y aplicará un control más pasivo y relajado.

Deberíamos tratar con el adolescente como lo hacemos con nuestros amigos u otros adultos. Supongamos que usted está trabajando para mí y yo le digo: "Quiero que termine todo el trabajo administrativo que tiene sobre el escritorio, y no quiero que se vaya de la oficina esta tarde hasta que no haya concluido". Usted me responde: "No voy a hacer el trabajo. No puede obligarme. No veo por qué tengo que hacerlo, ¡y no lo voy a hacer!". Ahora bien, ya que los dos somos adultos, yo no le estaré encima, ni se lo recordaré constantemente, ni le daré un sermón sobre la responsabilidad, ni lo forzaré físicamente. Tan sólo le diré: "Si hace el trabajo y lo termina para hoy, sigue trabajando para mí; de lo contrario, está despedido". Lo que estoy diciendo es que quisiera que haga el trabajo, pero en realidad no me importa lo que haga. Haga lo que quiera, pero me voy a asegurar de que algo pase si usted cumple mi pedido (que mantenga su empleo) y que suceda algo completamente diferente si no sigue mis instrucciones (que sea despedido). Si le presta el auto a un amigo, y acuerdan que debe devolvérselo a las cinco de la tarde porque usted lo necesita para ir a una reunión, pero el amigo no lo trae a tiempo, probablemente ni lo regañe ni lo sermonee: no dejará que use el auto otra vez. Las Claves 24 y 26 proveen información más detallada con respecto a evitar las luchas de poder y este tipo de técnicas de manejo.

**Mejore la comunicación.** Ya que en general los adolescentes no están deseosos de hablar con sus padres, no tenemos mucha comunicación con ellos. Lamentablemente, la mayor parte de nuestra conversación con el adolescente tiene que ver con hacerle entender algo, enseñarle algo, corregir algo, o con algún otro tema que destaca su conducta negativa o sus faltas. La mayoría de nuestras interacciones verbales con los adolescentes tienen una implicancia negativa o son vistas como un sermón. Deberíamos mejorar la comunicación hablando más sobre sus conductas positivas y los temas que les interesan (hobbies, deportes, baile, música, ropa). También deberíamos hallar momentos del día en los cuales podamos mantener conversaciones con ellos, con el solo propósito de tener una interacción positiva.

Ya que el número de consecuencias (recompensas, castigos) disminuye drásticamente cuando el chico se hace adolescente, es importante ser consciente de los sentimientos, necesidades, gustos y aversiones de sus hijos. Esto se puede conseguir, aumentando la comunicación. Para obtener más sugerencias sobre este tema, vea las Claves 18, 19 y 20.

**Trate de llegar a un acuerdo.** Esta técnica está relacionada con los dos conceptos antes mencionados: mejorar la comunicación y evitar las luchas de poder. Si podemos hacer que el chico exprese más sus gustos, aversiones y sentimientos, tendremos más oportunidades de llegar a un acuerdo y de evitar las luchas de poder y las batallas. Este es un ejemplo que uso con frecuencia: Digamos que le pido a mi hijo adoles-

33

cente que me ayude a lavar los vidrios de la cocina. No quiere hacerlo, pero necesita que lo lleve al paseo de compras. En vez de que me diga "No, no quiero hacer este trabajo" o de obligarlo a que lo haga ("¡Aunque no te guste, debes hacerlo!"), sería mejor para ambos llegar a un acuerdo. El me ayudará con los vidrios y yo lo llevaré al paseo de compras.

El acuerdo establece una situación en la que las dos personas ganan, en lugar de haber un ganador o un perdedor. Si fuerza a su adolescente a hacer lo que usted quiere, usted gana y él pierde. Si él se niega rotundamente a hacer lo que usted quiere, él gana y usted pierde. Cree situaciones en las que tanto usted como su hijo puedan ganar. Si él quiere volver tarde o usar el auto con más frecuencia, busque las actividades en las que le gustaría que él mejore y recurra a ellas como una manera de llegar a un acuerdo. Por ejemplo: "Puedes usar el auto una noche más a la semana si estudias más". Utilice los acuerdos para obtener las conductas que desea.

Fundamentalmente, con este acuerdo usted le está diciendo: "Yo sé lo que tú quieres y tú sabes lo que yo quiero. Si cooperas conmigo, cooperaré contigo. Si no lo haces, no esperes que yo lo haga". Está tratando al adolescente como trataría a otro adulto o amigo.

**Evite que aumente la ira.** ¿Recuerda el ejemplo anterior sobre el "empleado" rebelde y enojado (el adolescente) cuyos "empleadores" mentalmente discapacitados (los padres) le están diciendo constantemente qué hacer, aunque ellos mismos saben muy poco del sentido de la vida? Parte de ese cuadro es verdadero, en el sentido de que con frecuencia muchos adolescentes se sienten enojados con los padres y la autoridad. Una cierta cantidad de ira, resistencia y rebelión es típica de ellos. Por lo tanto, debería tratar de prevenir que aumente la ira adicional, reduciendo la cantidad de críticas, regaños y atención negativa y evitando la mayor cantidad posible de confrontaciones. Para obtener más información, vea la Clave 22.

**Discierna cuál es la conducta adolescente normal.** El niño se está transformando en un adulto joven, y sus conductas, actitudes y opiniones están cambiando. Es hora de que usted se familiarice con las conductas adolescentes normales, ya que está comenzando a perder a su niño y a ganar un adulto joven. Muchas veces escucho a los padres decir: "Mi hijo ha cambiado. Ojalá tuviera de vuelta al anterior". Al ahondar en las preguntas, describen al nuevo modelo como menos comunicativo, a veces insolente, poco cooperador y malhumorado; pero fundamentalmente lo que los padres están describiendo son conductas adolescentes normales. Si usted ve algunas de estas conductas normales como problemas y trata de "traer de vuelta" la conducta del niño, es posible que aumente la distancia entre usted y el adolescente y surjan más problemas de los que se resuelven.

Para tratar con esta nueva persona que vive en su casa, un elemento importante consiste en manejar estos cambios normales de una manera que minimice los conflictos adicionales, la distancia emocional entre los padres y el adolescente, la interrupción de la comunicación o el alejamiento del adolescente respecto de la familia. La información de las siguientes Claves lo ayudará a lograrlo.

# 7

# COMO TRATAR CONDUCTAS DIARIAS

Los padres expresan muchas dudas específicas sobre las conductas y actitudes de los adolescentes. Sin embargo, antes de hablar sobre ellas en las Claves siguientes, le daré información general sobre algunos métodos eficaces de tratamiento de la conducta, que deberían ayudarlo a tratar con su hijo diariamente. ¿Cómo lograr que su hijo colabore más en las tareas del hogar? ¿Qué se puede hacer para que ordene su habitación o llegue a horario? ¿Cómo mejorar su actitud insolente o hacer que deje de molestar a su hermana?

Sin duda, algunas de las técnicas que aquí se presentan permitirán que las cosas fluyan sin mayores problemas y se reduzcan los conflictos en su hogar. Le sugiero que lea esta Clave antes de continuar con el resto del libro, ya que muchas de las Claves siguientes se basan en estas técnicas.

Primero que nada deberá analizar la conducta con la que va a tratar. Luego deberá explicar la regla o la expectativa y la consecuencia al mismo tiempo, antes de que se rompa la regla. Diga lo que piensa y dígalo en serio. Aténgase a lo que dice hasta las últimas consecuencias y sea congruente.

**Analice la conducta.** Al hablar sobre la conducta del adolescente, muchos padres comentan: "No quiere ser parte de la familia", "Mi hija está deprimida y no es feliz", "No está motivada en el colegio", "Su problema es que está siempre enojado", "Mi hijo irrita constantemente a los demás", "Es inmadura". Mi primera reacción es preguntarle al padre: "¿Me podría dar un ejemplo de lo que quiere decir cuando comenta que su hijo no quiere ser parte de la familia?" , "¿Qué hace él para irritar a los demás?" ,"¿Qué hace su hija para que usted piense que es inmadura?". Es decir, les pido a los padres que observen la conducta en términos más específicos, en vez de verla en términos generales. Cuando yo digo: "Mi hija está deprimida" me refiero a que tal vez ha perdido interés en cosas que le eran importantes. Cuando usted dice: "Mi hija está deprimida" se refiere a que tal vez se pasa todo el tiempo encerrada en su habitación y llora con facilidad. La falta de motivación en el colegio podría referirse a una variedad de cosas: la chica es capaz de sacarse 8 y 9 pero se saca 6, no estudia para los exámenes, no termina la tarea o sueña despierta durante la clase.

**Sea específico.** Antes de que se pueda tratar o cambiar cierta conducta, esta se debe especificar o exponer en detalle. Aunque no sea posible hacer que su hijo sea "parte de la familia", tal vez pueda lograr que pase más tiempo fuera de su habitación e intervenga en las actividades de la familia. Cuando dice que su hijo adolescente está enojado, ¿qué hace él exactamente? ¿Habla entre dientes, pone caras raras cuando usted trata de decirle algo, da portazos o se enoja mucho y se torna imprevisible ante la menor dificultad? ¿Cuál es el grado de inmadurez que le preocupa en su hija? ¿Tiene 15 años y todavía necesita que la ayude a vestirse para ir al colegio?

A muchos padres les resulta algo difícil observar conductas específicas, ya que es normal hablar sobre nuestros hijos en términos muy generales. Sin embargo, el primer paso para que cualquier conducta cambie es ser específico. Trate de evitar términos vagos y generales e identifique la conducta o las conductas exactas que le preocupan y qué le gustaría modificar.

**Observe la secuencia de la conducta.** Una vez que haya descripto en detalle la conducta, podrá analizar la secuencia completa. Por ejemplo: tomemos al chico que no acepta un no. ¿Cómo se salió con la suya?

**Madre:** Mi hijo no acepta un no como respuesta.

**Psicólogo:** ¿Qué quiere decir con eso? ¿Puede darme un ejemplo?

**Madre:** No le puedo decir que no. Si todo está sucediendo como él quiere y puede hacer cualquier cosa sin que se le diga que no, está todo bien. Pero cuando le decimos que no puede hacer lo que quiere, se enoja y discute y no acepta lo que le hemos dicho. La semana pasada, usó el auto todos los días; anoche, cuando pidió usar el auto otra vez, le dijimos que no, se enojó mucho y comenzó a discutir.

**Psicólogo:** ¿Qué les dijo?

**Madre:** Gritó mucho y nos dijo lo malos que éramos y que los padres de todos sus amigos les dejaban usar el auto cuando querían. También mencionó que al hermano le dejábamos usar el auto cuando él quería y que le estábamos poniendo demasiados límites, que no éramos justos con él y que no entendíamos su situación.

**Psicólogo:** ¿Qué hicieron?

**Madre:** Le dijimos que necesitábamos usar el auto y que no lo podía tener cuando quisiera. Además, le explicamos que mantener un auto es caro y que debería tratar de usarlo con menos frecuencia y que lo llevaran sus amigos. Que lo podía usar para ir a ciertos lugares, pero no para ir de paseo por la ciudad. Luego de varios intentos de razonar con él en calma y de explicarle por qué le decíamos que no, mi marido y yo nos sentimos disgustados con su actitud y su falta de voluntad para entender nuestra posición.

**Psicólogo:** ¿Y luego qué sucedió?

**Madre:** Ya que tenía una respuesta a todo lo que le decíamos, en seguida comenzamos a discutirle nosotros. Después de un tiempo, ya estábamos tan exasperados y cansados con la batalla verbal que, para que todos nos calmáramos, le dimos las llaves del auto y le dijimos que se fuera.

¿Cuál es la lección obvia en este caso?

Veamos otro ejemplo: el de la adolescente que no ayuda sin discutir o hacer un escándalo cuando se le pide que haga algo.

**Madre:** Cada vez que le pido a mi hija que haga algo se queja: "No soy una esclava. ¿Por qué tengo que hacer esto? Mi hermano no tiene que hacerlo. A mí siempre me obligas". Sólo le toca ayudar en algunas tareas en la casa, pero cada vez que le pedimos algo, o bien pospone la tarea o nos mortifica.

**Psicólogo:** Déme un ejemplo de lo que quiere decir.

**Madre:** La otra noche le pedí que sacara la basura. Comenzó a murmurar, a quejarse y a poner caras raras, luego tomó el cesto de la basura y lo arrastró hasta el cordón de la vereda, golpeándolo contra todos lados. Era como si le hubiera pedido que pintara la casa o replantara el césped.

**Psicólogo:** ¿Pero sacó la basura?

**Madre:** Sí, pero se quejó todo el tiempo y se portó como si no quisiera hacer lo que se le pedía.

**Psicólogo:** ¿Y usted qué hizo luego?

**Madre:** Traté de ignorar la mayoría de las cosas que decía pero estaba comenzando a irritarme; entonces comencé a explicarle todo lo que su padre y yo hacíamos por ella. Le pregunté si le gustaría que cada vez que ella nos pedía algo nosotros hiciéramos un escándalo o nos quejáramos. Le dije que sólo tenía que encargarse de unas pocas tareas en la casa y que no creía que fuera un peso hacer un par de cosas simples para mí cuando yo hacía tanto por ella. Ella siguió murmurando, y yo seguí gritando, y finalmente se fue muy ofendida a su habitación.

En situaciones como la anterior, lo que les pido a los

padres es que analicen la **conducta**. No sólo deberían observar la conducta —la negación a aceptar un no (ejemplo 1) o el hecho de murmurar y quejarse (ejemplo 2)— sino también lo que viene antes de la conducta (**los antecedentes**) y lo que viene después **(la consecuencia)**. En cada secuencia de la conducta hay tres partes:

**ANTECEDENTES, CONDUCTA Y CONSECUENCIA: A → B → C**

$$A \longrightarrow B \longrightarrow C$$

| Antecedentes | Conducta | Consecuencia |
|---|---|---|
| Pide usar el auto. Se le dice que no. Se le dice que haga una tarea. | No acepta. Discute. | Usa el auto. |
| | Murmura. Se queja. | La madre se enoja. |

Al observar la secuencia completa, hemos dado el primer paso para abordar la conducta. No sólo hemos observado la conducta específica, sino que también hemos visto lo que viene antes y después de esta. Debemos observar la secuencia completa antes de intentar cambiarla.

Al analizar la conducta, también es importante ver con cuánta frecuencia ocurre, es decir, cuántas veces por día, por hora o por semana. ¿Ocurre diez veces por día, una vez por semana o tres veces por hora? Existen un par de razones para ver con cuánta frecuencia se da. Muchos padres me han dicho: "Una vez que comencé a observar la conducta de cerca y a llevar un registro de la frecuencia con la que sucedía, me di cuenta de que no era tan mala como yo pensaba. Yo creía que él y su hermano se peleaban continuamente, pero las pelean sólo ocurrían un par de veces por día". Otra razón para observar la frecuencia de la conducta es que generalmente el chico no se levanta una mañana comportándose de cierta manera, sino que la conducta se desarrolla gradualmente durante un período de semanas, meses o años. Por lo tanto, para cambiar la conducta se llevará a cabo un proceso similar: habrá una mejora gradual con el transcurrir del tiempo.

A menudo, cuando los padres observan la conducta de su hijo en términos generales (enojo, inmadurez, falta de cooperación, etc.), no pueden ver los cambios pequeños. Por ejemplo, los padres quizás me digan: "Nuestro hijo nunca nos habla. Nunca nos comunica nada y no sabemos lo que está pasando en su vida". Entonces es posible que pruebe con algunas intervenciones y le dé a los padres un par de sugerencias para mejorar la comunicación. Luego de unas dos semanas, si los padres sólo observaron la conducta global, quizás todavía sientan que su hijo es poco comunicativo y no tan conversador como solía ser cuando era más chico. Sin embargo, si hubieran observado la conducta con más detenimiento para determinar con cuánta frecuencia se comunicaba, habrían visto una mejora. Se habrían dado cuenta de que antes de comenzar el tratamiento, el chico les hablaba un par de veces o sólo cuando necesitaba algo. No obstante, luego de unas pocas semanas de probar algunas intervenciones, se comunica entre cinco y siete veces por día y les cuenta sobre el colegio, los amigos y otras actividades, sin que se lo pidan. Si se observa la conducta global y se la compara con la que tenía cuando era más chico, puede parecer que no está hablando mucho. Pero si se observa la frecuencia de la conducta sabiendo que esta cambia gradualmente, podemos ver un avance considerable desde que comenzó el tratamiento. Tenemos que buscar leves mejoras y acercamientos hacia el objetivo, no un cambio drástico de la noche a la mañana.

Al analizar la conducta de esta manera, observamos los factores importantes en el cambio de conducta: las consecuencias. La razón por la cual la mayoría de nosotros hacemos lo que hacemos es porque conocemos la consecuencia de nuestra conducta. Si la consecuencia fuera siempre la misma y, por ejemplo, usted recibiera el mismo sueldo tanto si va a trabajar como si se queda en su casa, sería necio ir a trabajar. Lo mismo es válido para los adolescentes. Los chicos de los dos ejemplos anteriores se comportaban de una cierta manera porque ya conocían las consecuencias: lograban lo que querían.

**41**

El ejemplo que sigue puede ser similar a lo que le sucede inconsciente, o a veces conscientemente, a su hijo.

**Psicólogo:** Tu madre me contó que nunca haces nada la primera vez que te lo dice. Tiene que decírtelo una y otra vez, enojarse y gritar para que hagas algo, como ordenar tu habitación.

**Adolescente:** Mi madre está siempre hablando y diciéndome que haga cosas. Me da cien sermones por día y me pide que haga muchas cosas estúpidas, como ordenar mi habitación. Generalmente postergo hacer lo que me dice porque las primeras 30 veces que me lo dice, usa un tono de voz normal y está bastante tranquila, entonces no lo tomo en serio. La dejo seguir hablando y lo que dice me entra por un oído y me sale por el otro.

**Psicólogo:** ¿Y entonces qué pasa?

**Adolescente:** A la vez N° 31, el tono empieza a subir. Quiere decir que se está enojando, y a la vez N° 32 ó 33 empieza a chillar y a enojarse: "Lo digo en serio. ¡Mejor que ordenes tu habitación!". Entre la vez N° 34 y 35, la vena del cuello se le empieza a marcar, se le pone la cara roja y grita de verdad.

**Psicólogo:** ¿Entonces qué haces?

**Adolescente:** Bueno, en ese momento sé que es en serio, porque está muy nerviosa. Entonces voy a ordenar mi habitación o hago lo que quiere.

**Psicólogo:** Es como si esperaras la señal o el momento indicado que te diga que se viene una consecuencia o que algo va a pasar de verdad. Recién cuando sabes que lo dice muy en serio, haces lo que tu madre te pide.

**Adolescente:** Así es.

Se podrían usar muchos otros ejemplos, pero el hecho es que, con frecuencia, la gente se comporta de determinada manera por las consecuencias que tendrá su conducta: lo que obtienen o lo que les sucede como resultado de dicha conducta. En el adolescente, ciertas conductas se presentan a raíz de las consecuencias. Cuando la gente se relaciona o interactúa con los demás, incluidos padres e hijos, se enseñan mutuamente ciertas conductas, basadas principalmente en las consecuencias. Cuando tratamos con nuestros hijos, les enseñamos conductas y ellos nos enseñan a actuar de cierta manera. Les podemos enseñar a ser dependientes, insolentes o inmaduros, a no aceptar un no, a no escuchar y otras conductas similares. Al mismo tiempo, nos pueden enseñar a reprender, fastidiar, gritar, enojarnos, criticar o preocuparnos. Es razonable pensar que si les podemos enseñar ciertas conductas inaceptables a nuestros hijos, también les podemos enseñar conductas aceptables. Esto es verdad, pero casi todos lo encaramos de la manera equivocada, centrándonos directamente en el chico y tratando de cambiarlo. Es muy difícil cambiar la conducta del otro sin cambiar la propia. Sería mucho más fácil si los padres modificaran la manera de relacionarse con su hijo adolescente y, a su vez, él diera un giro a su conducta y a la manera de relacionarse con ellos. *No* estoy diciendo, al contrario de algunos profesionales de la salud, que los padres son la causa de *todas* las dificultades de conducta que presentan los niños. El niño puede causar problemas en la familia, así como los padres pueden causar problemas en el niño. No obstante, es más fácil que los adultos cambien su conducta, y así cambie la de sus hijos, que tratar de cambiar directamente la conducta del adolescente.

Una gran parte de la conducta que se observa en la gente es el resultado de las consecuencias y su respuesta a las condiciones del entorno. En general, la conducta es difícil de modificar si no existe un cambio en el entorno; pero si este y las reacciones de los demás se modifican resulta más fácil. Si bien es mucho más sencillo modificar el entorno de un niño que el de un adolescente, la conducta y la respuesta de los padres hacia el hijo son parte del entorno y se pueden cambiar. Al responderle al chico de diferente manera, podrá cambiar la influencia de su propia conducta adolescente. Así como es importante analizar la conducta del chico, los padres también necesitan observar con más detenimiento lo que ellos mismos hacen y cómo responden a las situaciones y a la conducta del adolescente. Si los padres pueden modificar tanto las reacciones como los tipos de consecuencias usadas para tratar con él, podrán a su vez modificar la conducta de este. Para que la conducta cambie, deben observar el entorno total, ya que los padres son ciertamente una parte importante del cuadro.

# 8

# COMO SER UN PADRE CONGRUENTE

Una conducta muy común en el adolescente es que no escucha a los padres. Cuando el padre o la madre le habla, el mensaje le entra por un oído y le sale por el otro. Una de las razones por la cual no obra así es que, a menudo, los adultos no hablan en serio o no mantienen su palabra hasta el final. Es extremadamente importante tener en cuenta este simple concepto, en el trato con el adolescente. En general, el hecho de que los padres no sean congruentes es una de las razones por la cual no escuchan y uno de los principales motivos de que los métodos que los padres usan no funcionen. Por otra parte, al ser congruentes, los padres harán que aumente la probabilidad de que estos métodos funcionen.

Nosotros no escuchamos a los adultos que dicen una cosa y luego hacen otra; por lo tanto, no podemos esperar que nuestros hijos nos presten atención si nos comportamos de esa manera.

Existen muchas maneras de ser poco congruentes y confundir a los chicos o enseñarles a ser manipuladores o a no escuchar. A continuación se dan algunos ejemplos.

**Declaraciones vacías:**

- Si no vienes aquí en este instante, te rompo las piernas.
- Si no mejoras en el colegio, te mando a un internado.
- Si no dejas de molestarme te mato.
- No te daré más dinero hasta que te consigas un trabajo.
- Si tú y tu hermano no dejan de pelearse, me voy y no vuelvo nunca más.

- **Si necesitas** tomar clases particulares, te las pagarás tú **mismo.**

**Estoy seguro** de que usted podría pensar en muchas otras **declaraciones** en las que los padres dicen cosas sin el propó-**sito de llevarlas a** cabo. El adulto lo sabe pero, lo que es más importante aún, el chico también. Por lo tanto, al usar ame-**nazas** como estas, la conducta no mejorará y el chico seguirá **comportándose** de la manera que usted quiere cambiar.

**Exageraciones:**

- Ve a tu habitación. Estás castigado hasta los 18.
- Nunca tendrás tu licencia de conducir.
- No puedes hablar por teléfono durante todo el año escolar.
- Estás en penitencia por un mes.

Las exageraciones como estas son una parte importante del origen de la incongruencia en la familia. Los padres se enojan y hacen una promesa que no pueden cumplir, o dicen o hacen algo y luego empiezan a sentirse culpables. A medida que la culpa aumenta y el chico se comporta de la manera correcta, es posible que los padres traten de hacer algo para anular el comentario o reducir el castigo. En ambos casos, el chico interpretará que la conducta de los padres quiere decir: "No creas ni escuches lo que digo porque en realidad no estoy hablando en serio".

**Hacer que un "No" sea un "Sí" y que un "Sí" sea un "No".** En este caso, el padre dice una cosa y luego hace otra. ¿Recuerda el ejemplo del adolescente que pide usar el auto y le dicen que no? El joven no acepta esta respuesta y comienza a molestar a sus padres. Luego de un tiempo, para concluir la pelea y conservar la cordura, los padres se rinden y le dejan usar el auto. Aquí, el "no" original se transformó en un "sí". Otro ejemplo: le decimos a nuestra hija que no puede quedar-se a dormir en la casa de una amiga y, después de pensarlo y discutir la respuesta, nos damos cuenta de que no había razón para decirle que no. Por lo tanto, cambiamos nuestra respuesta y la dejamos ir. ¿Cuántas veces ha prometido algo como esto: "El sábado te llevo de compras. También podemos salir a manejar este fin de semana. Y te ayudaré a arreglar tu auto este domingo"? Sin embargo, cuando llega el momento usted dice: "Estoy demasiado ocupado este fin de semana. Lo haremos el que viene".

Aquí, el tema más importante es que un "no" se transformó en un "sí", o viceversa, que una declaración positiva se transformó en negativa. No sólo les estamos enseñando a nuestros hijos a no escucharnos cuando actuamos de esta manera, sino que también estamos mostrándoles cómo manipularnos. En otras palabras, estamos transmitiéndole: "Si te digo algo que no te gusta, haz esto [quéjate, hazme enojar, discute] y cambiaré de opinión". Este tipo de incongruencia también debería ser evitada.

**No controlar la conducta.** También puede mostrar incongruencia, al decirle a su hijo que haga algo y luego no controlar si lo hizo. Por ejemplo: le dice a su hijo que no puede irse de la casa hasta que no ordene su habitación y él va a su habitación mientras usted está ocupado haciendo otra cosa. En unos pocos minutos, sale y le dice "Me voy". Usted le pregunta: "¿Ordenaste tu habitación?", él responde que sí y se va. Media hora después usted pasa de casualidad por su habitación y se da cuenta de que no ha levantado ni una media.

En el caso de algunos adolescentes, no es necesario controlar su conducta y desempeño, pero en el caso de otros es necesario vigilarlos y ver si hicieron lo que se les pidió o lo que se suponía que debían hacer. Si los deja, algunos tratarán de salirse con la suya en la mayor medida posible. Esta forma de incongruencia por parte del padre tiende a interferir en el desarrollo de la responsabilidad y también les enseña a ser manipuladores.

**La congruencia debe existir en ambos padres.** Todos los ejemplos que se dieron están relacionados con la necesidad de cada padre de ser congruente. Es decir que ambos padres deben ser muy predecibles al tratar con el adolescente. Si uno le dice al chico que no podrá usar el auto hasta que no haya ordenado su habitación, el chico debería estar completamente seguro de que la única manera en que podrá usar el auto será ordenando su habitación.

La congruencia debe provenir tanto del padre como de la madre. Cada padre debe hablar en serio cuando trata con el chico, pero también deben apoyarse y respaldarse mutuamente. Un chico le pregunta a su madre: "¿Puedo ir a un recital esta noche?" y ella le responde que no. Luego le hace a su padre la misma pregunta y él le dice que sí. Cuando es casi la hora de ir al recital, el chico empieza a vestirse para ir. La madre lo ve y le pregunta qué está haciendo y a dónde va, él le responde que va al recital porque el padre le dijo que podía ir. Entonces la madre se enfrenta al padre y comienza la discusión. Mientras tanto, el hijo termina de vestirse y se va al recital.

Al socavar la autoridad del otro y no mostrarle al chico un enfoque unificado, los padres pueden crear incongruencia. Muchas cosas suceden por este motivo. Primero, el chico aprende a enfrentar al padre y a la madre y a manipularlos para salirse con la suya. Cuando uno de los padres castiga al hijo o toma una decisión y el otro lo contradice, la autoridad del primero se ve reducida y, en consecuencia, el hijo siente que uno de los padres es el que tiene la autoridad y es posible que no escuche al otro. Además, este tipo de enfoque tiende a identificar a uno de los padres como "el malo" y al otro como "el bueno", que lo rescata del mal que el otro está haciendo. Si por casualidad, usted es el malo, ¡cuídese! Este tipo de incongruencia también produce discusiones y peleas entre los padres.

Es muy importante que los padres y los parientes (tíos, abuelos) que a menudo tratan con el adolescente sean una unidad congruente. Si no está de acuerdo con su pareja o con otra persona que cumple un papel importante en la fijación de normas de disciplina a su hijo, es mejor apoyar a esa persona frente al chico y luego, cuando él no está cerca, discutir la situación y, sobre todo, resolverla. Si se va a reducir el castigo, debe modificarlo la persona que estableció la consecuencia.

**Diferentes reacciones ante la misma conducta.** A menudo tratamos la misma conducta de distintas maneras, según nuestro estado de ánimo o el día que tuvimos. Por ejemplo: tal vez un día el chico se comporta de manera insolente y nosotros reaccionamos dándole un sermón. Al día siguiente se repite la misma conducta y nosotros la ignoramos. Al próximo día la conducta se vuelve a repetir y le sacamos al chico algún privilegio, y así sucesivamente. En vez de reaccionar de distinta manera, sería mejor tener una única regla que mencione que cuando su hijo se rebele o conteste, se reducirán las horas para hablar por teléfono o será castigado por un cierto período. Tener estas reglas y consecuencias permitirá disminuir este tipo de incongruencia y hará que el entorno se vuelva más estructurado y predecible. Es importante explicar la regla y la consecuencia al mismo tiempo (para obtener más información, vea la Clave 9).

**La congruencia del entorno.** Hasta ahora, la discusión sobre la congruencia ha estado relacionada con la interacción de los adultos con los adolescentes. ¿Pero puede el chico predecir al adulto? Este tipo de congruencia, llamada *congruencia interpersonal*, es probablemente el tipo más importante y, en cuanto al manejo de la conducta, es esencial. Además, la congruencia, la estructura o la rutina en el entorno a veces reduce las dificultades en la conducta. Por ejemplo: en general, un chico al que se le ha asignado un tiempo determinado para hablar por teléfono causará a los padres menos problemas de los que causa aquel que no lo tiene. Si hay algún problema con una conducta en particular, usted debería establecer la congruencia en el entorno (es decir, la congruencia de las rutinas).

La congruencia puede parecer un concepto trivial, pero es un principio de suma importancia en el manejo de la conducta: es el cimiento sobre el cual se construyen otras técnicas y métodos. Una buena regla para tener presente al interactuar con su hijo adolescente es la siguiente: **No diga nada que no pueda o no quiera hacer y haga todo lo que dice que va a hacer.** O sea, para tratar con su hijo de manera eficaz, tiene que cumplir con todo lo que dice.

# 9

# COMO ESTABLECER REGLAS, EXPECTATIVAS Y CONSECUENCIAS

A los adolescentes les interesa mucho el concepto de "imparcialidad", es decir, respetan y responden a los padres, los profesores y otras personas con autoridad que ellos sienten que son imparciales. Los adolescentes responden menos a los padres cuando piensan que no los entienden y los tratan de manera parcial o injusta. Una de las maneras de evitar que crean que usted es parcial y que, en vez de eso, lo vean como una persona justa e imparcial es establecer al mismo tiempo las reglas y las consecuencias para una determinada conducta.

La mayoría de los padres imponen cientos de reglas y normas en su casa. Por ejemplo: "Vuelve a casa a las 11 de la noche", "Corta el césped", "Después de usar el baño, déjalo como lo encontraste", "Antes de hablar por teléfono debes terminar la tarea". En general, los padres saben cómo especificar lo que quieren o establecer reglas. Le dicen a su hijo, maravillosamente, qué aguardan de él, pero por desgracia, muchos esperan a que haya roto la regla para decidir cuál será la consecuencia. Por ejemplo: si se le dice al chico que vuelva a las 11 de la noche y aparece a las 11:30, recién en ese momento el padre decide qué va a suceder (si lo pondrá en penitencia por una semana, si no le permitirá salir a la noche siguiente o si no podrá usar el teléfono). A los adolescentes, este método de anunciar la consecuencia luego de que se haya roto la regla les parece injusto, y por lo tanto, debería evitarse.

**51**

Cuando castigamos o tratamos de imponer reglas y expectativas de esta manera, suceden varias cosas.

Ante todo, en esta situación el chico no se siente responsable por lo que le sucedió ni tampoco siente que tiene control sobre las consecuencias de su conducta. Como resultado, no desarrolla la responsabilidad ni siente que puede influir sobre lo que le suceda.

Además, si esperamos que rompa la regla para decidir qué castigo o consecuencia le impondremos, es probable que se enoje con nosotros porque siente que somos los responsables de lo que le sucedió (la consecuencia). Ya que muchos adolescentes sienten ira sin razón aparente, no es muy recomendable hacer algo que produzca más resentimiento.

**Se deberían aclarar las reglas y las consecuencias al mismo tiempo.** Al dejar las reglas en claro, los padres deberían evitar plantear sólo la expectativa. Es importante explicar al mismo tiempo tanto la regla como la consecuencia, antes de que se rompa la regla.

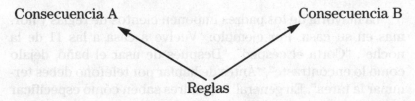

Este diagrama muestra cómo deberían ser establecidas las reglas para que sean eficaces. Debería decirle a su hijo: "Esto es lo que quiero que hagas. Te va a pasar esto (Consecuencia A) si lo haces de esta manera y esto (Consecuencia B) si lo haces de otra manera". Al usar este método, le deja al chico decidir por sí mismo qué le va a suceder.

Al explicar las reglas y consecuencias al mismo tiempo, usted pone directamente sobre los hombros del adolescente la responsabilidad de lo que le va a suceder. En términos de disciplina, usted se vuelve pasivo y relajado y hace exactamente lo que su hijo le dice. Este enfoque debería eliminar el estarle encima, los recordatorios o las luchas de poder. El adolescente tiene control sobre las consecuencias de su conducta y decide si le suceden cosas buenas o malas.

Las consecuencias son la herramienta más importante para cambiar la conducta, y el método que acabamos de describir es la manera más eficaz de usarlas. Tal vez no pueda emplear este método todo el tiempo, pero debería usarlo cuando le sea posible.

**Las reglas y las consecuencias deben ser específicas.** ¿Cuántas veces le ha sucedido algo como esto?: Hace tres semanas que la habitación de su hija está desordenada y pareciera que todas sus pertenencias estuviesen en el suelo. Usted le dice: "Ve a tu habitación y levanta todo del suelo". Quince minutos después, sale de su habitación y usted le pregunta: "¿Hiciste lo que te dije?" Ella responde que sí. Usted se dirige a su habitación para ver si es verdad y se encuentra con que toda la basura que antes estaba en el suelo ahora está sobre la cama. Usted se enoja, pero lo que sucedió fue que ella tomó su palabra literalmente y cumplió totalmente con sus expectativas: levantó todo del suelo.

En general, los adolescentes hacen exactamente lo que se les dice y tienen definiciones propias respecto de las palabras. Al explicar las reglas y la conducta que usted espera, debería ser lo más específico posible. Si dice: "Quiero que  vayas a tu habitación y la ordenes", debería definir qué quiere decir ordenar. "Deja la ropa sucia en el cesto que corresponde y los libros en la biblioteca. La basura y los papeles que están en el suelo tíralos en el cesto de la basura. Y no pongas nada bajo la cama".

Es probable que los padres tengan problemas para cambiar la conducta, si las expectativas se plantean en términos muy generales o poco definidos. Por ejemplo: "Quiero que mejores en el colegio"o "Sé bueno con tu hermana". ¿Qué significa "mejorar" y "ser bueno"? Pueden querer decir distintas cosas para distintas personas. Para el adolescente, mejorar en el colegio puede querer decir sacarse un 3 en vez de un 2 y ser bueno con la hermana puede querer decir pegarle sólo diez veces al día en vez de veinticinco. Por el contrario, para los padres, mejorar en el colegio es sacarse por lo menos un 4 y ser bueno con la hermana es no pegarle. Por lo tanto, si las expectativas no son lo suficientemente específicas, cuando el padre y el adolescente intercambian ideas surgen opiniones diferentes. El chico siente que ha cumplido con las expectativas, pero el padre no. Se ha creado una situación en la que el adolescente piensa que lo han tratado con injusticia.

Lo mismo sucede cuando el padre plantea las consecuencias en términos demasiado generales o vagos: "Si haces eso otra vez, verás qué sucede", "Si no mejoras en el colegio, serás castigado". ¿Qué significa para el adolescente "verás qué sucede" o "serás castigado"? Probablemente no mucho.

Al plantear las expectativas/reglas y consecuencias, debe ser muy claro y explicar lo que quiere decir. No dé por sentado que el adolescente ya "sabe". Tanto el padre como el hijo deben tener la misma idea de lo que se espera y de las consecuencias. Si el chico no está seguro, es posible que se sienta confundido, resentido o piense que recibe un trato injusto.

# 10

# QUE METODOS USAR PARA ESTABLECER REGLAS Y CONSECUENCIAS

Para que las expectativas y las consecuencias sean más eficaces hay que explicarlas por adelantado. Tanto el padre como el hijo deben saber con exactitud cuál es la conducta esperada y cuáles serán las consecuencias.

Hay tres maneras globales de llevar esto a cabo.

**Use consecuencias naturales.** Algunas conductas acarrean por sí mismas consecuencias naturales y, a menudo, estas son suficientes para producir un cambio. Si me golpeo la cabeza contra el suelo, la consecuencia natural es que me dolerá la cabeza y esto puede ser suficiente para que no continúe comportándome de esa manera. Las consecuencias naturales se pueden usar para algunas conductas problemáticas y son una buena manera de empezar. A continuación se dan algunos ejemplos:

- "La cena se sirve entre las 9 y las 10 de la noche. La cocina se cierra a las 10". El que vuelva a la casa a las 10:30 debe enfrentarse con la consecuencia natural de no comer o prepararse su propia comida.

- "En esta casa se lava sólo la ropa que está en el cesto de la ropa sucia". Las consecuencias naturales de no poner la ropa en el lugar que corresponde serán no poder usarla, lavarla uno mismo o usarla sucia.

55

- "Te daré el dinero de la semana el viernes y se supone que debe durarte hasta el otro viernes. No te daré más dinero hasta ese momento". La consecuencia natural de salir el viernes y gastar todo el dinero será quedarse sin un peso para el resto de la semana.
- "Para poder usar el auto tendrás que pagar tú mismo el seguro". La consecuencia natural de no tener dinero para el seguro será no poder usar el auto.
- "El que rompa algo en esta casa será el que pague para repararlo". La consecuencia natural de dar un portazo y romper la puerta será que quien la golpeó tendrá que pagar la reparación.

La consecuencia natural que utilizo a menudo cuando trato con adolescentes se centra en ayudar en la casa. En otras palabras, el padre le está diciendo al hijo: "Si cooperas conmigo, cooperaré contigo. Aquí todos están encargados de ciertas tareas y tienen ciertas responsabilidades. Si debo andar detrás de ti porque no haces bien las cosas, tendré que usar parte de mi tiempo libre para hacer tu tarea. Por lo tanto, no me alcanzará el tiempo para hacer lo que tú quieres".

Muchos adolescentes sienten que sus padres les están siempre detrás, pidiéndoles que hagan demasiadas cosas. En tono de queja, dicen: "Ojalá mis padres me dejaran tranquilo para hacer lo que yo quiero". Algunos  sienten que por cada cosa que los padres hacen por ellos, ellos hacen diez. Para esta situación se pueden aplicar las consecuencias naturales. El padre le puede decir a su hijo: "Quieres que no te vuelva a pedir nada y que te deje de molestar. Bien, lo haré con mucho gusto, pero  recuerda que si yo no te pido nada, tú no me pides nada tampoco". Al principio, el chico piensa que es un buen trato, pero luego de un tiempo se da cuenta de que le tocó la peor parte del convenio y que sus padres hacen más por él de lo que pensaba.

Para tratar con la conducta adolescente, muchos de los enfoques relacionados con ella hacen hincapié en las consecuencias naturales o lógicas. Sin embargo, al usar las consecuencias naturales hay que tener presentes dos cosas.

Primero, para que resulte eficaz, la consecuencia natural tiene que ser de importancia para el chico. Por ejemplo, la consecuencia natural de decirle al adolescente: "No lavaré la ropa que no esté en el lugar indicado" no será eficaz si al chico no le importa usar la ropa sucia.

La segunda pregunta que hay que formularse antes de usar esta técnica es la siguiente: "¿Quiero que la consecuencia natural suceda?". Una vez, una madre muy disgustada me llamó a las cuatro de la mañana. Me contó que su hijo de trece años se había ido de su casa a las siete de la tarde y que todavía no había vuelto. Cuando le pregunté qué había sucedido, me dijo que padre e hijo habían tenido una discusión porque el chico no quería ordenar su habitación. Entonces el padre se enojó mucho y le dijo: "Esta es mi casa y mientras vivas aquí tendrás que hacer lo que yo quiero. ¡Y ahora yo te estoy diciendo que ordenes tu habitación!". Luego de discutir un tiempo, el padre le dijo: "Si no te gustan las reglas de esta casa, te puedes ir", y el hijo se fue. El chico experimentó las consecuencias naturales de la situación pero, por supuesto, los padres no querían que el resultado fuera este.

Al usar esta técnica, usted debe actuar de manera práctica. Debería tratar de no disgustarse, gritar o hacer un escándalo. Asegúrese de que la consecuencia sea importante para el chico y mantenga su palabra hasta el final.

Utilice la regla de la abuela. Este es un principio que la mayoría de los padres pueden usar con frecuencia. Se lo puede plantear de manera muy simple: "Haces lo que yo quiero y después puedes hacer lo que tú quieras", o bien: "Tú haces lo que yo quiero y después yo haré lo que tú quieras". De la misma manera, la madre puede prometer: "Cómete la carne y las papas y luego comerás el postre". Las consecuencias naturales deben formar parte inherente del entorno; en cambio, este método de establecer consecuencias se puede improvisar y usar en el momento. A continuación se dan algunos ejemplos:

- No puedes hablar por teléfono hasta que no termines tu tarea.
- El viernes a la noche no podrás salir hasta que no hayas ordenado tu habitación.
- Si lavas el auto el sábado, podrás usarlo a la noche.
- Si me ayudas a limpiar la cocina te llevo a la casa de tu amigo.

En todos estos ejemplos, uno establece consecuencias y expectativas y le da al adolescente la posibilidad de tomar una decisión. Al usar esta técnica, lo que usted hace es llevar a cabo lo que su hijo le dice.

**Utilice consecuencias importantes.** Cuando no se pueden usar ni las consecuencias naturales ni la regla de la abuela, debería tratar de identificar las consecuencias que son importantes para el chico y, de acuerdo con ellas, establecer las reglas de lo que espera de su conducta. Las consecuencias pueden ser positivas, cosas que no suceden en su casa todos los días (tiempo extra para usar el teléfono, salir hasta tarde o invitar a un amigo a dormir) y también pueden ser negativas (pérdida de privilegios, penitencias, restricciones). Cualquier privilegio, actividad o pedido que al chico le resulte importante puede servir de consecuencia de su conducta:

- El chico que quiera salir hasta tarde en el fin de semana lo podrá hacer poniendo más atención en la tarea escolar durante la semana.
- Un chico contestador e insolente podrá usar el auto una noche más a la semana si disminuye considerablemente esta conducta negativa.
- El chico que haga un esfuerzo para llevarse mejor con sus hermanos podrá hablar más tiempo por teléfono o invitar a un amigo a dormir.
- Podrá ganar más dinero semanal, ayudando en las tareas del hogar.

Haciendo uso de estas consecuencias positivas, el chico podrá obtener más privilegios.

Otro método de usar consecuencias importantes sería establecer situaciones en las que si el adolescente se comporta de una determinada manera, se le impongan ciertas restricciones o pierda algunos privilegios.

- El chico que conteste a sus padres se quedará sin las zapatillas que iba a comprar este fin de semana.
- El adolescente que no vuelva a su casa a horario el viernes a la noche perderá el derecho de salir el sábado a la noche.

En todos estos ejemplos, identificamos la consecuencia que es importante para el chico y luego, de acuerdo con esta, establecemos lo que se espera de su conducta. No es una consecuencia natural o algo que le sigue automáticamente a una actividad, pero sí es una consecuencia que los padres pueden crear e individualizar de acuerdo con los intereses y los deseos de cada adolescente.

**Cómo usar consecuencias para cambiar la conducta.** Las consecuencias son el aspecto más importante del manejo de la conducta. Son las que determinan si el chico cambiará su conducta y desarrollará algunas nuevas. Para cambiar, un chico debe experimentar consecuencias constantemente.

Cuando comienza la adolescencia, disminuye en forma drástica la gama de consecuencias que se pueden usar. El niño de nueve años responderá a diversas consecuencias, pero cuando llega a los trece años, el número empieza a disminuir y la gama es muy reducida. Los intereses del adolescente se centran en el dinero, el auto, el teléfono, la ropa, las salidas, tener más libertad y menos restricciones y ser tratado como un adulto. Si tiene una afición o pasatiempo (como pescar o escuchar música), la gama de consecuencias importantes quizás aumente.

Hay tres consecuencias principales que los padres pueden usar en el trato con sus hijos adolescentes:

- Recompensas, incentivos o consecuencias positivas. Si una conducta le agrada, recompénsela, es decir, haga un comentario positivo y bríndele a su hijo algo que sea importante para él o que disfrute.
- Castigos o consecuencias negativas. Si una conducta no le agrada, castíguela, es decir, haga un comentario negativo y haga algo que a su hijo no le guste o quítele algo positivo.
- Indiferencia o ninguna consecuencia. Si una conducta no le agrada, muestre indiferencia, ya que aquella tal vez exista por la atención que usted le presta. En otras palabras, no haga ni un comentario negativo ni uno positivo.

La recompensa, el castigo y la indiferencia son las tres consecuencias más importantes que se pueden usar para disciplinar a los adolescentes. En las Claves siguientes se describen en detalle estos importantes aspectos del manejo de la conducta.

# 11

# COMO SER UN PADRE POSITIVO

Si bien hay tres consecuencias principales que se pueden usar para tratar con la conducta adolescente, en general los padres se basan sólo en una: el castigo. Me refiero con "castigo" a los comentarios negativos y al énfasis que se pone en la conducta inapropiada. Los comentarios negativos pueden traer aparejados desde gritos hasta confrontación física. Los adultos tienden a hacer hincapié en las faltas de conducta, los errores y las fallas del adolescente; tal vez esto suceda porque este es el tipo de disciplina que conocimos, porque la sociedad funciona de esta manera o porque algunos de los cambios que se producen en la adolescencia provocan comentarios negativos. Por la razón que sea, sucede.

La mayoría de los profesionales que estudian la conducta y ayudan a los padres a usar técnicas más eficaces para vivir, interactuar y disciplinar a sus hijos, hacen hincapié en el enfoque positivo. Les aconsejan no poner el acento en lo que el chico hace mal sino en lo que hace bien. De esta manera, el padre le prestará más atención a la buena conducta y menos a la conducta inapropiada. El enfoque positivo se logra, más que nada, usando recompensas, incentivos y consecuencias positivas.

Determinar qué usar cómo recompensa o incentivo puede ser fácil en el caso de algunos adolescentes y más difícil en el caso de otros. La recompensa o incentivo tiene que ser individualizada, ya que lo que es importante para un adolescente puede no serlo para otro. Para encontrar posibles recompensas, los padres deben olvidar sus propios valores y lo que para ellos es importante, y observar con detenimiento los intereses, necesidades y pedidos de su hijo.

**Tipos de consecuencias positivas.** Una recompensa debe ser algo que para el adolescente sea especial. He aquí algunas áreas generales:

- *Recompensas o incentivos relacionados con actividades.* Podría tratarse simplemente de algún tipo de actividad que sea importante para el adolescente. Por ejemplo: Quedarse despierto hasta más tarde, invitar a alguien a dormir, usar más el teléfono, ir a un recital, salir a manejar, ir al paseo de compras con los amigos y sin los padres, ver una película en especial, tener más libertad o menos restricciones, ser considerado como un adulto, usar el auto con más frecuencia o alquilar un video.

- *Recompensas o incentivos materiales.* Generalmente son cosas concretas que le interesan al chico: Más dinero para gastar, cubiertas para el auto, un videojuego nuevo, un disco compacto, ropa, accesorios, cosméticos o repuestos para la bicicleta.

- *Cosas que generalmente le compraría o le dejaría hacer.* Esta categoría incluye elementos de las dos anteriores. A veces, cuando hablo con los padres sobre las recompensas y los incentivos, me dicen: "De todas maneras, se lo compro" o "Ya lo hace". Estos padres tienen problemas para encontrar una recompensa apropiada porque ¡el chico recibe recompensas hasta por respirar! El otro día, cuando hablaba con un padre sobre dejar al chico dormir en la casa de algún amigo, como incentivo por haber sacado mejores calificaciones, me dijo: "No me sirve. Todos los viernes mi hijo duerme en la casa de un amigo o viene alguien a dormir a casa".

En lugar de eso, podemos usar como incentivos o recompensas muchas de las cosas que les compramos, hacemos por ellos o les permitimos hacer. Lo que deberíamos hacer es dejarlos que se ganen la recompensa en vez de darles todo servido. En el ejemplo anterior, al chico se le permitía dormir en la casa de un amigo sin importar si le iba bien o no en el colegio, pero el método sería más eficaz si el adolescente tuviera que ganarse este privilegio esforzándose en el colegio. En ese caso, poder quedarse en la casa de alguien o que un amigo fuera todos los viernes sería enteramente su responsabilidad.

- *Recompensas o incentivos sociales.* Este es el mejor tipo de recompensa con el que cuentan los padres y no implica ningún gasto. Mientras que la gama de recompensas relacionadas con actividades y con lo material disminuye en gran medida durante la adolescencia, las recompensas sociales no. Un tipo de recompensa social puede ser la aprobación verbal, la risa, un elogio por hacer un buen trabajo, una sonrisa, una palmadita en la espalda u otro comentario positivo. En general, la recompensa social es el reconocimiento por una conducta apropiada, como ayudar a poner la mesa u otras tareas diarias (levantar la ropa, limpiar luego de comer, volver a la casa a tiempo). También es decirle a su hijo lo contento o lo orgulloso que usted está de él. La recompensa social debería ser usada tanto con los incentivos relacionados con actividades como con los relacionados con lo material: es muy importante tener esto presente en el trato con el adolescente, ya que aumenta la interacción positiva entre ambos.

# 12

# PUNTOS PARA TENER PRESENTES AL USAR RECOMPENSAS E INCENTIVOS

La recompensa es una consecuencia muy importante y se la puede usar para cambiar la conducta. Sin embargo, para que el uso de la recompensa funcione como es debido, hay que tener presentes varias cosas.

**Se debe individualizar la recompensa.** Es posible que una misma consecuencia sea gratificante para un chico pero no lo sea para otro: tal vez un chico haga lo imposible para usar el auto una noche más por semana, mientras que a otro, esto lo tiene sin cuidado, de modo que luchar por este privilegio no lo motivará. Cuando busque una recompensa para un chico en particular, observe con detenimiento sus necesidades, intereses y hábitos.

**Se debe utilizar una recompensa social.** Sin importar cuál ha sido el incentivo (relacionado con lo material o con actividades), se debe acompañar la conducta con una recompensa social (p. ej., un elogio).

**No debe darse la recompensa antes de lograr la conducta deseada.** A menudo, los padres recompensan a su hijo, pero cometen el error de hacerlo antes de que el chico logre la conducta deseada. Esta no es una buena manera de usar el sistema de incentivos. ¿Qué sucedería si le pagara al pintor antes de que terminara de pintar su casa? Es posible que el trabajo no fuera de su agrado o quedara a medio hacer. Lo mismo puede suceder si recompensa a su hijo y luego espera que se comporte de cierta manera. Por el contrario, la recompensa debería basarse en la conducta y darse a continuación, no con anterioridad, ya que si esto sucede, probablemente no funcione.

**La recompensa ganada debe otorgarse.** Con frecuencia, los adolescentes obtienen recompensas por su buena conducta y luego las pierden a causa de alguna conducta negativa. Esta es una manera segura de destruir la eficacia del sistema; por lo tanto, las recompensas ganadas deben otorgarse.

**La recompensa debe otorgarse inmediatamente después de observar la conducta deseada.** Lo ideal sería que si un chico hizo algo bueno hoy, fuera recompensado inmediatamente, no la semana o el mes próximos. El grado de eficacia de la recompensa se basa, en parte, en la rapidez con la que esta se otorga luego de observar la conducta deseada. El buen funcionamiento de una recompensa no se basa en la cantidad o el precio, sino en la frecuencia e inmediatez: por lo tanto, las recompensas deben otorgarse seguido y lo antes posible.

No siempre es posible recompensar inmediatamente a un chico con los incentivos deseados, pero se pueden usar otros tipos de recompensas. Digamos que un chico quiere sacar su licencia de conducir, pero ha cooperado poco y discutido mucho. En lugar de decirle: "Si te portas bien todo el mes, te enseñaré a manejar", tal vez sea mejor decirle: "Cada día que coopere y muestres una actitud positiva en la casa, anotaré un punto en tu calendario y cuando tengas veinte puntos, te enseñaré a manejar". Aunque falten tres o cuatro semanas para obtener el incentivo o la recompensa (manejar), puede recompensarlo diariamente por su buena conducta agregándole puntos, que a su vez podrá cambiar por el incentivo deseado.

**Se debe recompensar las mejoras.** A veces, el sistema de recompensas no funciona porque los padres esperan demasiados cambios en muy poco tiempo y no recompensan ninguna mejora, por pequeña que sea. Si, en general, el chico se saca 6 y, a veces, 3 en el boletín, le dicen que si en el próximo tiene un promedio de 8, obtendrá una recompensa. Si se pelea con su hermana varias veces por día le dicen que si no se pelea en todo el día ganará un punto para llegar a la recompensa deseada. En estos ejemplos, los padres están buscando un cambio demasiado grande, pero para modificar la conducta el proceso debe darse en etapas y gradualmente. Es más importante acercarse al objetivo, que el logro del objetivo en sí. Una meta realista para un estudiante que se saca 6 podría ser tener un promedio de 7, y una meta apropiada para el que se pelea todo el tiempo con su hermana será disminuir las peleas a la mitad.

Al usar las recompensas, hay que dividir la conducta o los objetivos en etapas, y los objetivos menores (la mejora gradual) deben ser recompensados. No se puede cambiar por completo la conducta de un chico, de la noche a la mañana: hay que observar en qué situación se encuentra ahora y hacia dónde queremos que vaya.

**Tal vez haya que modificar la recompensa.** El propósito de una recompensa es cambiar la conducta. En la mayoría de los casos, también hay que modificar intereses y actitudes, es decir, que una recompensa que al comienzo era importante para el chico puede perder su eficacia con el tiempo. Si al principio una recompensa funcionó perfectamente pero ya no es eficaz, habrá que cambiarla, ya que se la usó demasiado o durante un lapso muy extenso.

**Algunas recompensas también pueden formar parte de las reglas de la familia.** Al adolescente que por cooperar se le permite quedarse levantado después de hora, tal vez se le extienda su horario de todas maneras, ya que está creciendo. El chico que al principio usaba el auto una vez por semana y luego (por hacer tareas extras en la casa) obtuvo una noche más, tal vez pueda en un futuro (debido a su buena conducta) usar el auto dos veces por semana.

Además, cuando esté probando una recompensa por primera vez, úsela sin interrupciones por un tiempo, antes de probar otra porque aquella no funcionaba. Es frecuente que un padre encuentre un incentivo que es importante para el chico, pero enseguida pruebe con otro, al no funcionar aquel la primera, segunda o tercera vez. Las recompensas se deben variar y modificar, si bien no demasiado rápido.

**La recompensa debe ser alcanzable.** Al principio, el sistema de recompensas no debe ser demasiado complejo o difícil, ni requerir un cambio demasiado brusco. Debería ser relativamente fácil que lo logre y reciba su recompensa, ya que hay que mantener al chico dentro del sistema. Si lograr el objetivo conductal y el incentivo es demasiado difícil, es probable que el sistema falle.

Para que el chico pueda obtener la recompensa, las expectativas deben ser realistas. Tenga presente que, al comienzo, no debe esperar un cambio en la conducta, de más del 30 ó 40 por ciento.

Si el sistema de recompensas es demasiado complejo o difícil (es decir, si el adolescente necesita cambiar demasiado para obtener la recompensa), podrá pensar que no vale la pena hacer semejante esfuerzo. Por ejemplo: si un padre decide que su hijo debe hacer diez cosas por día para recibir su mensualidad, es posible que en ese caso algunos adolescentes decidan no tener dinero.

Cuando establezca un sistema de recompensas, asegúrese de que su hijo pueda obtener la recompensa con relativa facilidad. Esto aumentará la probabilidad de que las futuras recompensas sean eficaces y de que ocurra el cambio.

# 13

# TIPOS DE CASTIGOS

Con los adolescentes se pueden usar los mismos tipos de castigos que con los niños. No obstante, el número o gama de castigos que los padres pueden utilizar disminuye drásticamente a medida que el chico crece. Existen más castigos posibles para un chico de 11 ó 12 años que para uno de 15 ó 16. En general, se puede definir el castigo como el quitar o retener algo que es importante para el adolescente o que, si le es negado, tendrá efectos sobre él (una experiencia negativa).

Los tipos de castigos que utilizan la mayoría de los padres se pueden agrupar en cinco áreas generales. Algunos son eficaces y es posible usarlos con frecuencia, mientras que otros no lo son y deberían usarse poco o podrían suprimirse.

**Pérdida de privilegios.** Se le llama *costo de respuesta* y es una forma de castigo muy eficaz. Bajo este sistema, al chico se le impone una multa y/o pierde privilegios o actividades deseadas, por no terminar ciertas tareas o cometer faltas de conducta. Es decir que, comportándose de determinada manera, el chico perderá ciertos privilegios. En este tipo de sistema, puede utilizarse como "multa" o consecuencia cualquier actividad, privilegio u otra cosa importante para él.

Por ejemplo: un adolescente no llega nunca a la hora que se le dice; siempre llega tarde. Para cambiar esta conducta se podría usar un sistema de costo de respuesta. Se le dice al chico: "Se supone que a las diez tienes que estar en casa. Si hoy llegas media hora tarde, mañana tendrás que llegar media hora antes de las diez".

Al chico que le contesta a sus padres continuamente se le puede decir que cada vez que sea insolente, se marcará una cruz en una hoja de papel que estará adherida a la puerta de la heladera. Por cada cruz que reciba ese día, se le quitarán diez minutos de su tiempo para hablar por teléfono.

Esta es una forma eficaz de castigo, pero al usarla hay que tener presentes varios puntos. Primero, hay que definir claramente la conducta que se multará y decirle al chico, con exactitud, qué le costará. Segundo, las pérdidas de privilegios o las multas se deben imponer regularmente cuando ocurren las faltas de conducta. Tercero, este tipo de sistema funciona mejor cuando también se usan consecuencias positivas y recompensas. Cuarto, no establezca un sistema en el que la pérdida sea poco realista o en el que el chico le deba a usted. Por ejemplo: si le dice a un adolescente incontrolable que cada vez que le conteste mal podrá hablar 30 minutos menos por teléfono, es posible que antes de poder volver a hablar por teléfono ¡ya esté en la universidad! O si le dice: "Por cada 9 y 10 que te saques, yo te pagaré a ti, pero por cada 3 y 4 tú me pagarás a mí", al finalizar el año escolar él deberá más de lo que tiene.

**Prohibirle actividades que disfrute.** Este castigo, a menudo llamado *tiempo muerto*, es similar a "Vete a tu habitación" pero incluye mucho más que una consecuencia. Para que este nuevo tipo de castigo sea eficaz, es necesario prohibirle una actividad de la cual disfruta. Ya que hoy muchos chicos tienen televisor, equipos de música, videojuegos o computadoras en su habitación y pasan allí mucho tiempo, decirles "Vete a tu habitación" no es ni una gran penitencia ni un método eficaz de castigo.

Veamos un ejemplo típico del castigo del tiempo muerto: Una adolescente sale a comprar ropa para el colegio con su madre y empieza a discutir sobre lo que le gusta y lo que no, en voz muy alta. La madre le puede decir: "Cada vez que me contestes te haré una advertencia. Si pasas las tres advertencias, nos vamos a casa y posponemos la compra para la semana que viene". Esto quiere decir que si ella no sabe comportarse como se debe en el negocio, tendrán que irse. Otro ejemplo: Usted decide salir a manejar con su hijo de 17 años y luego de unos minutos él empieza a sobrepasar el límite de velocidad. Como castigo, le puede decir: "Cada vez que hagas eso, se reducirá en 10 minutos tu lección de manejo".

La actividad afectada puede ser cualquiera que al chico le interese, pero para que esta técnica logre su cometido hay que tener presentes varias cosas. Primero, deje en claro cuál es la conducta que merecerá el castigo. Por ejemplo, puede decir: "No quiero ver ni escuchar más peleas; no deben pegarse, insultarse ni molestarse". Ahora su hijo sabe exactamente qué conductas afectarán sus actividades preferidas. Luego, hágale algún tipo de advertencia: "La próxima vez que te vea haciendo eso, te vas a tu habitación" o "Te haré tres advertencias y cuando lleguemos a la tercera, esto es lo que sucederá". El tercer tema que debe tenerse presente es que el chico debería saber por cuánto tiempo se le prohibirá la actividad y qué tiene que hacer para recuperarla. La madre no debería decirle a la adolescente que perdió su oportunidad de ir de compras: "Te llevaré de compras de nuevo cuando yo lo decida", sino que le debería decir cuándo será la próxima vez ("Volveremos la semana que viene") o aclararle cómo debe comportarse para poder volver ("Si durante tres días ayudas en la casa, sin discutir, iremos de compras el sábado").

El procedimiento del tiempo muerto debe usarse congruentemente; para modificar con él la conducta, tal vez haya que aplicarlo varias veces. Además, hay que administrar este castigo de manera práctica y sin mostrar ningún resentimiento; una vez impuesto el castigo, el padre no debe dar un sermón, hacer un escándalo, reprender, disgustarse, insistir en el asunto ni disculparse, sino imponer el castigo merecido.

**Pérdida de la recompensa.** Cuando se utiliza un sistema de recompensas y el chico no las recibe porque no se comportó como era debido, puede sentirlo como un tipo de castigo. Cuando propongo una técnica de recompensas para cambiar la conducta, los padres a menudo me preguntan: "Si no hace lo que le pedimos, ¿cómo lo castigamos?", y yo les respondo: "No tienen que castigarlo si no es necesario. Guarden el castigo para otro tipo de conducta. No recibir la recompensa puede servir como consecuencia".

**Castigo verbal.** Esta categoría incluye: gritar, criticar, regañar, insultar, sermonear o decirles a los chicos cosas que les hagan sentir culpa, vergüenza o miedo. Esta forma de castigo es muy poco eficaz, especialmente con los adolescentes. Muchos chicos aprenden a desconectarse y a ignorar por completo las peroratas de los padres. Las reprimendas, sermones y gritos les entrarán por un oído y les saldrán por el otro. Algunos chicos comienzan a sentir resentimiento y enojo hacia los padres cuando usan estas tácticas, mientras que otros se distancian emocionalmente de ellos. Muchos de los problemas que se describen en la Clave 14 son la consecuencia de usar con asiduidad el castigo verbal.

**Castigo físico.** Esta categoría abarca chirlos, bofetadas, golpes u otros actos físicos. Controlar al chico mediante la intimidación o el miedo (decirle: "Soy más grande que tú y por eso puedo obligarte a hacer lo que yo quiera") también es parte de esta categoría. Personalmente opino que se pueden usar muchas otras formas eficaces de disciplina y que este tipo de castigo debe ser evitado.

# 14

# PROBLEMAS QUE SURGEN AL USAR CASTIGOS

La interacción entre el padre y el hijo disminuye a raíz de los cambios normales que ocurren durante la adolescencia (no participar en las actividades familiares, tener una menor comunicación con los padres, pasar más tiempo con los amigos y no en la casa). La mayoría de los padres tienden a castigar, es decir, a prestar más atención a los errores, las fallas y las faltas de conducta de los hijos que a sus logros y aciertos. Esta actitud se acrecienta en la adolescencia y muchos chicos se quejan de que cuando los padres les hablan es sólo para criticarlos, sermonearlos, marcarles los errores o decirles lo que deberían o no deberían hacer. Ya que la interacción disminuye, los padres se comunican con sus hijos sólo para hacer comentarios negativos o para castigarlos.

Al actuar con los adolescentes, de esta manera negativa, los padres establecen una situación en la que la única recompensa que recibe el chico por comportarse bien es no ser castigado o criticado. No estoy diciendo que evite el castigo o los comentarios negativos para disciplinar a su hijo o tratar con él, sino que durante la adolescencia es muy importante reconocer la buena conducta, los logros y aciertos. La mayor parte del tiempo debería recurrir a los comentarios positivos, las recompensas y la indiferencia. Cuando los métodos de control o interacción más usados son los comentarios negativos y el castigo, pueden aparecer problemas como los que se detallan a continuación, y las conductas normales del adolescente se pueden volver más intensas.

**El adolescente es tan corpulento como el progenitor, impidiéndole así el uso de ciertos tipos de disciplina.** Aunque somos conscientes de que los chicos se desarrollan físicamente a medida que pasa el tiempo, cuando tratamos con adolescentes, muchos olvidamos este proceso físico normal. Muchas de las formas de disciplina que usan los padres se basan en el miedo o la intimidación: uno se impone a sus hijos porque es más grande que ellos y puede dominarlos e intimidarlos. Si este es el método de control más frecuente que se usó con el niño, es muy probable que con el adolescente los padres pierdan el control o comiencen las confrontaciones físicas. Tal vez este método funcione bien con los niños pero, en general, es poco eficaz durante la adolescencia, período en el que se necesita más control que nunca. El control a través del miedo o la intimidación no es la manera más eficaz de manejar a un adolescente, ya que muchos no les tienen miedo a sus padres y/o quizás no les importe confrontarse físicamente con estos.

**Se pueden intensificar la ira, la terquedad y la rebelión.** Como se mencionó anteriormente, estas son algunas de las conductas típicas en el adolescente. Sin embargo, si este recibe una cantidad excesiva de críticas o de comentarios negativos, sus sentimientos y conductas pueden intensificarse. A veces, la ira reprimida se puede expresar directamente pero, con frecuencia, se manifiesta a través de una variedad de maniobras pasivo-agresivas, como la oposición, la resistencia, la terquedad, el desafío y la rebelión. Por ejemplo, si usted dice que algo es negro, el adolescente dirá que es blanco o hará lo contrario de lo que usted le pide. Además, esta ira se puede desplazar hacia otras situaciones y es posible que aparezcan las peleas o la ira hacia los hermanos, los pares y/u otras personas dotadas de autoridad.

**Puede aumentar la distancia emocional entre los padres y el hijo.** El proceso normal de la adolescencia incluye el alejamiento de la familia y el acercamiento hacia los pares. Por lo tanto, se crea automáticamente una distancia emocional entre el padre y el hijo. Sin embargo, si se usan demasiados castigos o se hacen demasiados comentarios negativos, esta distancia o separación puede aumentar y dar como resultado una menor interacción verbal (sólo le hablará al padre o madre cuando sea necesario) y el alejamiento (pasará más tiempo solo en la habitación, disminuyendo al máximo el contacto con la familia). En general, no será posible crear una relación emocional más cercana y aumentará la distancia entre usted y su hijo adolescente.

**Puede desarrollarse una conducta de escape/evitación.** Todos tendemos a evitar situaciones que provocan resultados negativos. Si cada vez que usted jugara al golf tuviera una experiencia negativa, o si cada vez que preparara cierta comida recibiera muchas críticas, probablemente decidiría dejar de jugar al golf o de preparar la comida. Cuando la característica principal de la interacción con sus padres es el castigo o los comentarios negativos, los adolescentes muestran los mismos sentimientos y conductas: desarrollan conductas de escape o evitación. Si cada vez que un adolescente corta el césped le muestran todos sus errores, comenzará rápidamente a evitar la tarea en lugar de corregir sus errores. Si el tema del trabajo en el colegio o los deberes deriva generalmente en gritos, peleas, sermones·u otros comentarios negativos por parte del padre o de la madre, el chico será propenso a evitar el tema y a disminuir la cantidad de tiempo que le dedica a la tarea.

Las conductas de escape que más usan los adolescentes que se encuentran en esta situación son mentir, manipular, huir de la casa o no decir toda la verdad. Cuando vea que un chico no dice la verdad, trata de manipular a los padres o, cómo último recurso, pretende escaparse de su casa, observe cuál es el tipo de consecuencia que usa como padre o el patrón principal de la interacción con su hijo. Si el método imperante es el castigo/comentario negativo, esta puede ser la razón de tal conducta.

**Es posible que el castigo/comentario negativo no sólo no funcione sino que empeore la situación.** Como seres adultos, observamos la personalidad de nuestros amigos y de otros adultos y luego los tratamos de manera acorde. Por ejemplo, tal vez usted le diga a uno de sus amigos : "¿No estás engordando un poco?" y esta persona se reirá. Si le dice lo mismo a otro amigo, quizás este quiera darle una cachetada, mientras que otro se sentirá herido. Aprendemos con mucha rapidez que podemos hacer ciertas bromas a algunos amigos pero no a otros: reconocemos el tipo de personalidad de cada cual y actuamos de la mejor manera posible. Cuando tratamos de hacer lo mismo con nuestros hijos, no sabemos cómo hacerlo; sin embargo, sería muy provechoso usar este método con ellos. Con algunos tipos de personalidad, el castigo es suficiente para controlar o modificar la conducta, pero con otros no funciona, o funciona sólo por un corto tiempo, o empeora las cosas. Esto se da más que nada frente a las personalidades tercas, obstinadas y orientadas a la búsqueda del placer. En estos casos deben usarse otras consecuencias (recompensas o indiferencia), ya que como método principal de control, el castigo no resultará eficaz.

**Es muy probable que la ira, la oposición y la rebelión afloren en la adolescencia.** Cuando los métodos principales de disciplina que se usan en la casa son los comentarios negativos, las críticas, el miedo o el castigo, algunos niños con determinada personalidad desarrollan conductas modelo. Estos niños, que parecen ser "demasiado buenos para ser verdad", siempre escuchan, nunca crean problemas y son muy complacientes. Si se les dice que se queden en un rincón sin moverse durante una hora, probablemente lo hagan. Sin embargo, entre los 11 y los 14 años de edad, esta conducta complaciente cambia de modo drástico. Es como si el chico ya no tuviera miedo, como si la ira que ha estado guardando durante años saliera de pronto a la superficie y fuera expresada a través de los métodos pasivo-agresivos que se describieron anteriormente.

**Es posible que el chico se comporte de la misma manera que usted.** Cuando algunos padres me dicen: "Cada vez que le pego a mi hijo, él me pega a mí" o "Cada vez que le grito a mi hija, ella me grita a mí", mi respuesta es: "No le pegue a su hijo" o "No le grite a su hija". Los chicos aprenden ciertas conductas, al observar a otra gente: esto se llama *teoría del aprendizaje a través de un modelo*. En otras palabras, los padres sirven como modelo para la conducta de sus hijos. Los chicos que estén en contacto con ciertas conductas tenderán a imitarlas y las incorporarán a sus patrones de resolución de problemas o conflictos, o de interacción con los demás.

Si usted se comunica con sus hijos o con su pareja, a los gritos o con discusiones, es posible que el chico aprenda a dirigirse hacia usted, sus hermanos o sus pares, de la misma manera. Si usa el control físico, el miedo o la intimidación para controlar a sus hijos adolescentes, ellos comenzarán a usar estas técnicas con usted. La mayoría de los chicos que presentan conductas agresivas han visto en sus padres este método negativo de resolver problemas y/o ha sido usado con ellos.

Probablemente, el comentario más remanido para explicar o analizar por qué los chicos se comportan de cierta manera es: "Lo hacen para llamar la atención". Si bien, en general, "llamar la atención" no es la mejor manera de explicar ciertas conductas de los niños, a veces sí lo es, en especial en los adolescentes. No es que el chico se comporte de cierto modo para llamar la atención de manera negativa, sino que lo hace para obtener cierta reacción por parte de los padres. La oposición, la obstinación y el hablar entre dientes son métodos pasivo-agresivos de expresar la ira.

A veces, los adolescentes no planifican conscientemente comportarse de mala manera para obtener una reacción de los padres, sino que dicen o hacen ciertas cosas más que nada para llamar la atención. Un método para tratar con este tipo de conducta es ignorarlo (ver Claves 16 y 17). En la Clave 21 también encontrará algunos consejos respecto de cómo responder a esta conducta.

# 15

## PUNTOS PARA TENER PRESENTES AL RECURRIR A UN CASTIGO

E l castigo es una de las consecuencias que puede utilizarse para cambiar la conducta. Sin embargo, a fin de que funcione con eficacia y los problemas se reduzcan al máximo, hay que tener presentes varias cosas.

**Usarlo junto con otras consecuencias.** Existen tres consecuencias importantes que se pueden usar para mantener la disciplina: el castigo, la recompensa y la indiferencia. El castigo es más eficaz cuando se recurre a él junto con una de las otras consecuencias. Si se lo utiliza como método principal de control, es menos eficaz que si se lo usa en conjunto con la recompensa. La pérdida de privilegios o la restricción de las actividades deseadas resultan más eficaces si el chico obtiene recompensas o privilegios por otras conductas. Cuantos más elogios, recompensas o comentarios positivos se usen, más eficaz será el sistema de castigo.

**Defina las expectativas y las reglas.** Esto ya se discutió en las Claves 8 y 9. Principalmente, los padres deberían evitar decir cosas ambiguas como "Quiero que seas bueno (te comportes bien, mejores en el colegio)", y explicar con exactitud a qué se refieren con "bueno" o "comportarse bien". También deberían evitar el castigo al azar: no es conveniente que decidan acerca de qué castigo usar *después* de que se rompió la regla, sino que la consecuencia negativa tiene que explicarse junto con la regla, antes de que aparezca la conducta.

**Dígale al chico qué hacer para que termine el castigo.** Cuando se los castiga, los chicos deben saber cuánto durará el castigo y/o qué pueden hacer para que este concluya. Por ejemplo, le puede prohibir usar el teléfono por una semana; eso define el período claramente. O le puede decir: "No podrás hablar por teléfono durante dos días, pero después de eso, cada tarde que vuelvas a casa y hagas tu tarea sin discutir, podrás hablar por teléfono después de la cena". Esto le permite al chico saber con exactitud qué debe hacer para que el castigo termine.

Debe definir claramente qué conducta se castigará, plantear con anterioridad la consecuencia negativa junto con la regla y decirle al chico cuánto tiempo estará castigado y/o cómo debe comportarse para que termine el castigo.

**Trate de establecer la regla y la consecuencia, la primera vez que observe la conducta.** En otras palabras, evite castigar la conducta la primera vez que ocurre; en lugar de ello, utilice esta oportunidad para establecer la regla. Si bien no es posible aplicar este principio todo el tiempo, sí se lo puede usar la mayoría de las veces. Por ejemplo: un adolescente que en general es puntual, llega una hora tarde. En vez de castigar esta conducta, usted aprovecha para establecer la regla y la consecuencia, diciéndole al chico que esta conducta es inaceptable y que la próxima vez que ocurra, las consecuencias serán tales y cuales.

**Use señales o advertencias.** La mayoría de los padres usan con sus hijos señales o advertencias, pero con frecuencia aparecen junto con reacciones negativas tales como gritarles, estarles encima o disgustarse. El uso de señales y advertencias apropiadas puede hacer que todo funcione mejor y que una importante cantidad de problemas desaparezca.

Las tareas en el entorno pueden usarse como señales: "Me gustaría que el césped estuviera cortado el sábado a las 7 de la tarde". El día y la hora funcionan como señal: "Quiero que esta habitación esté ordenada antes de que empiece tu programa preferido" o "Hay que sacar la basura después de cenar". Puede dejar que las tareas o las claves del entorno adviertan al chico, en vez de usar su voz como señal.

Contar hasta tres, dar tres advertencias, recurrir a la frase "La próxima vez que esto suceda" o dar alguna otra declaración verbal directa también puede servir como señal eficaz.

Use señales para crear un período intermedio y evitar la situación que se genera cuando usted dice: "Quiero que lo hagas ya mismo". En lugar de decir "Quiero que ordenes la ropa ya mismo", podría pedir: "Me gustaría que ordenaras la ropa antes de cenar" o "Para recibir tu dinero semanal tendrás tiempo de ordenar tu habitación hasta el viernes a las cinco de la tarde". Esto le permite al chico contar con un poco de flexibilidad, dándole el tiempo necesario para concluir la tarea. Si no termina la tarea a la hora señalada, entonces se usará una consecuencia. Al darle una señal que actúe como tiempo intermedio, tal vez se reduzca parcialmente la resistencia a los pedidos de los padres, que es común en los adolescentes.

**Individualice el castigo.** Cuando esté por decidir cuáles serán las consecuencias negativas, debe considerar los intereses, los valores y las preferencias de su hijo. Lo que para uno puede ser un castigo, puede no serlo para otro. Para algunos adolescentes, estar en penitencia es un castigo muy importante, pero a otros los tiene sin cuidado, o quizás un castigo funcione bien con su hija pero no con su hijo. Por lo tanto, al determinar el castigo, debe asegurarse que sea *importante* para el adolescente.

**Castigue la conducta, no al chico.** Cuando use un castigo, no hable sobre el chico como individuo sino sobre la conducta. Si es reprobado en un examen en el colegio, no quiere decir que sea estúpido, probablemente quiera decir que no se preparó como corresponde. Si golpea a su hermano, no necesariamente quiere decir que sea malo, sino que su conducta es inaceptable.

**Mantenga la calma.** Esto es  mucho más fácil de decir que de hacer, pero cuando castigan, los padres deberían mantener la calma. La conducta debería tratarse de una manera realista. Si un chico pierde un privilegio, los padres no tienen por qué estarle encima, reprimirlo o sermonearlo excesivamente, sino mantenerse firmes con respecto a la consecuencia que provocó su conducta.

**No castigue de más.** Los padres deberían imponer ciertos castigos específicos a conductas específicas. Por ejemplo, la pérdida del privilegio de usar el auto debería ser la consecuencia de ciertas conductas, no de cada violación a las reglas parentales. Si al chico se le prohíbe hablar por teléfono por diferentes conductas, no hablar por teléfono se convertirá pronto en  un modo de vida y el castigo perderá su eficacia.

**Trate de castigar inmediatamente.** En general, la importancia o la eficacia del castigo depende más que nada de la inmediatez con respecto a la conducta que está tratando de controlar  o cambiar y no de la dureza o la duración de aquel.

**El castigo no debe ser duro o duradero, para ser eficaz.** Las consecuencias más grandes o severas, que se dan de vez en cuando, no son los factores primarios para controlar o cambiar la conducta, sino las consecuencias pequeñas que se aplican como respuesta a la conducta, cada vez que son necesarias.

Una buena regla general para tener presente al tratar de determinar por cuánto tiempo debe castigar a su hijo es observarlo de cerca y ver cómo reacciona. Observe cuánto tarda en encontrar algo que hacer y/o en despreocuparse del castigo. La eficacia del castigo se determina por su inmediatez con respecto a la conducta y por su frecuencia. (Para obtener más información al respecto, vea la Clave 24.)

# 16

# COMO IGNORAR CIERTAS CONDUCTAS

Algunas conductas adolescentes persisten por la manera en que los padres reaccionan hacia ellas. Los adolescentes se dan cuenta de que si se quejan, se muestran insolentes, hablan entre dientes y tienen estallidos de ira, los padres reaccionan de cierta manera y/u obtienen lo que quieren. Este tipo de conducta aparece por la consecuencia que conlleva. Todas las conductas existen por alguna razón y para eliminar algunas de ellas es necesario hacer lo mismo con la consecuencia (la respuesta parental del sermoneo, los gritos, el estarles encima, disgustarse o dejarles hacer lo que quieren), es decir, ignorar la conducta negativa. Ser indiferente a las conductas no deseables es un poderoso método de disciplina, pero la mayoría no lo usa porque es difícil de lograr. Además, sólo funciona con determinadas conductas.

**Qué ignorar.** La indiferencia o la falta de consecuencias cambia o elimina sólo algunas conductas y no tiene ningún efecto directo sobre otras. Entonces, ¿qué debe ignorarse?

No deben ignorarse las conductas que interrumpen las actividades de los demás, o pueden llegar a causar daño a la familia o a la casa, o implican descuidar las tareas; por ejemplo, dejar ropa por toda la casa, golpear a un hermano, no cumplir con las tareas del hogar o del colegio, o conductas similares. Para tratar con estas, deberían usarse consecuencias positivas o negativas.

A fin de determinar qué conductas deben ignorarse, primero habría que analizarlas y hacerse ciertas preguntas: ¿Qué logra el chico con esta conducta? ¿Por qué lo hace? ¿Cuál es su propósito? Si la respuesta es "Me hace enojar", "Me hace gritar", "Debe escuchar mi sermón", "Me pone nervioso", "Comenzamos una lucha de poder o un concurso de gritos", "Me hace llorar o logra que lo deje en paz", "Me doy por vencido" o "Termina haciendo lo que quiere", entonces este es el tipo de conducta que debería ignorarse. Un método muy eficaz para cambiar o eliminar conductas cuyo propósito es provocar una reacción en los padres o hacer que el chico logre lo que quiere puede ser no usar las consecuencias.

Digamos que le pide a su hija que guarde la ropa limpia, pero mientras lo hace, ella empieza a hablar entre dientes. Usted no entiende la mayor parte de lo que ella dice, pero de vez en cuando escucha algo como: "Piensan que soy una esclava. Esta no es sólo mi ropa, ¿por qué tengo que guardar la de todos? Siempre me obligan a hacer cosas y mi hermano nunca hace nada". Aunque está haciendo lo que le pidió, usted se molesta y le empieza a contestar: "Habla más alto. ¿Qué dices? Vives en esta casa y tienes tus obligaciones. Deja de hablar por lo bajo". Usted se disgusta cada vez más y su voz sube de tono. Probablemente, las quejas de su hija sólo continúen por su reacción; por lo tanto, debería ignorarlas. Una situación similar puede ocurrir cuando los padres ponen en penitencia a su hijo o lo obligan a hacer algo que él no quiere. Si ignora la conducta y él no recibe ninguna respuesta de sus padres, la conducta disminuirá, ya que no cumple su propósito.

Usted debería ignorar especialmente las conductas manipuladoras que usa el chico para obtener lo que quiere (como hacer muchas preguntas, no aceptar un no como respuesta, suplicar son persistencia). Si el chico pregunta: "¿Puedo ir al recital?" y el padre le responde que no, entonces el adolescente manipulador empezará a decir: "Nunca me dejas ir a ningún lado. Todos mis compañeros van y yo soy el único que me quedo en casa. Pensarán que soy un niño". Luego de un tiempo, el padre empieza a cansarse y lo deja ir. A menudo, los adolescentes cansan a sus padres con sus súplicas o preguntas incesantes y finalmente logran lo que quieren. La conducta debería disminuir si usted la ignora y su hijo no consigue lo que quiere.

**Cómo ignorar.** En general, al ignorar los tipos de conducta ya descriptos se producen cambios, pero para que eso suceda, hay que usar este procedimiento de modo congruente. Existen dos maneras de ignorar: una es difícil y la otra es mucho más fácil.

El método difícil consiste en sustraer toda la atención de la conducta. En otras palabras, hacer de cuenta que la conducta no existe o que el chico no está allí. No debe hablarle a su hijo, ni mostrar desaprobación con su expresión o sus gestos, ni hablar para sus adentros. No tiene que prestarle ninguna atención. Si volvemos al ejemplo de la adolescente que guarda la ropa limpia, usted debería hacer de cuenta que ella no está en la habitación o que usted no escucha lo que dice. Este tipo de indiferencia se puede usar con algunas conductas adolescentes.

Al aplicar el segundo método, que es más fácil y debería usarse con más frecuencia, usted no le presta atención a la conducta, pero aun así la trata. Con este tipo de indiferencia se eliminan los gritos, las reprimendas verbales y la atención emocional por parte del padre. Por ejemplo, si le dice a su hijo que no puede ir al recital y él continúa rogándole, le puede decir: "No quiero escucharte más. Si sigues, te daré una advertencia, y por cada advertencia, aumentarán las restricciones para el fin de semana". En el ejemplo anterior, en el que el chico pedía ir al concierto, era ventajoso para él seguir molestando al padre, ya que al final lograba lo que quería. No obstante, en este ejemplo no lo es, pues con su continua insistencia no logrará lo que quiere sino sólo mayores restricciones. Por lo tanto, es importante que el padre trate la conducta negativa e imponga la consecuencia de una manera práctica, sin disgustarse, ni diciéndole al chico que no siga, ni tampoco amenazándolo.

**83**

Los problemas de conducta tales como los de ser insolente, contestador o peleador con los hermanos se pueden tratar de manera similar. Al ver o escuchar la conducta problemática, mantenga la calma e imponga la consecuencia que se había determinado con anterioridad. No preste atención emocional a la conducta y el chico no logrará lo que quiere.

# 17

# PUNTOS PARA TENER PRESENTES AL RECURRIR A LA INDIFERENCIA

**S**ea congruente. Al elegir la indiferencia como consecuencia disciplinaria para tratar con cierta conducta, es
muy importante ser congruente. Si decide ignorar las
quejas o susurros de su hijo, debe hacerlo cada vez que esta
conducta aparezca. No puede ignorarla la primera vez, luego
prestarle atención y después ignorarla de vuelta, porque su
vacilación será el incentivo suficiente para que la conducta se
repita.

**Asegúrese de estar ignorando la conducta, realmen-
te.** Muchas veces, cuando los padres piensan que ignoran una
conducta, no le sustraen toda su atención o las consecuencias
respectivas. Si utiliza este método de disciplina, asegúrese de
no mostrar ninguna reacción, ya sea verbal (sermonear, gritar,
hablar entre dientes) o no verbal (mirar con fijeza, sacudir la
cabeza, golpear la puerta).

**Siga ignorando la conducta aunque empeore.** A veces,
cuando se eliminan la atención o las consecuencias usuales, la
conducta puede empeorar o intensificarse antes de mejorar.
Es posible que el chico que por lo general fastidia a su madre
por diez minutos y luego logra lo que quiere, continúe comportándose de esa manera por 15, 20, 30 minutos o más cuando se lo ignora por primera vez. En otras palabras, ya que la
conducta que lo ayuda a lograr lo que quiere no funciona

inmediatamente, tal vez insista con quejas más fuertes. Sin embargo, luego de un tiempo, cuando advierte que su conducta no lo conduce a nada, esta comenzará a disminuir en frecuencia e intensidad. Hasta que se dé cuenta de que la conducta es inútil, probará a los padres de vez en cuando para ver si se mantienen firmes. Por lo tanto, si la conducta empeora, es importante que los padres sigan sin prestarle atención emocional.

**Primero use la indiferencia y luego las demás consecuencias.** Una buena regla para tener presente cuando se intenta eliminar las conductas ya descriptas, es recurrir primero a la indiferencia. Esta táctica producirá buenos resultados sobre las conductas cuyo mayor propósito consiste en provocar cierta reacción en los padres y/o hacer que el chico logre lo que quiere. Sin embargo, en algunos casos, la indiferencia no será suficiente. En estas situaciones, si la conducta no mejora debe probarse con las consecuencias positivas o negativas.

# 18

# COMO AUMENTAR LA COMUNICACION ENTRE EL PADRE Y EL ADOLESCENTE

La comunicación con el adolescente es muy importante, pero muchos de los cambios que se producen durante la adolescencia tienden a interferir con la eficacia y la frecuencia de la interacción entre el padre y el hijo. Aunque los adultos tienen mucha más experiencia que el adolescente, este generalmente no es consciente de ello o no lo cree y, por lo tanto, no valora los consejos, la sabiduría y la orientación de los padres. Los adolescentes tienden a pasar más tiempo en su habitación, con sus amigos y lejos de las actividades familiares. En consecuencia, durante este período de la vida del chico, las oportunidades de comunicarse disminuyen.

A causa de estos y otros factores, durante la adolescencia, los chicos no confían tanto en nosotros o no nos cuentan lo que les sucede, con la misma asiduidad que cuando eran niños. También disminuye la comunicación general sobre sus actividades: qué hicieron el día anterior, adónde fueron o con quién lo hicieron. Por lo tanto, a muchos padres les es difícil hablar con sus hijos, darles consejos, conocer sus verdaderos sentimientos o explicarles cosas. Incluso, es posible que los chicos tengan dificultades para hablar con sus padres, expresarles sus opiniones, comentarles lo que les molesta o contarles sus experiencias. Esta dificultad para interactuar verbalmente con el adolescente se denomina *falta de comunica-*

*ción*. Los problemas de comunicación se pueden describir de muchas maneras.

Un padre puede decir:
- Mi hijo está siempre hablando por teléfono, durmiendo, con sus amigos o en su habitación. Nunca tiene tiempo para dialogar conmigo.
- Cada vez que trato de explicarle algo a mi hija o de darle algún consejo, se enoja o sale corriendo de la habitación.
- Cuando le hablo a mi hijo, mira para otro lado y no escucha nada de lo que digo.
- Mi hija menor nunca me dice cuando algo le molesta. Nunca sé lo que siente. Se guarda todo para ella.
- Cuando trato de explicarle a mi hijo que está haciendo algo mal, me da cientos de excusas y argumentos para probarme que él tiene razón.
- Mi hija no acepta un no como respuesta. Es como si lo único que la satisficiera es que le diga exactamente lo que ella quiere escuchar.
- Si le hago a mi hijo una pregunta cualquiera, del tipo de "¿Cómo te fue hoy?", se irrita y me contesta de manera insolente. Ni siquiera puedo hablarle de cosas simples relacionadas con sus actividades diarias.

Por otra parte, el adolescente puede decir:
- Siempre me están haciendo preguntas: "¿Adónde fuiste?", "¿Con quién fuiste?", "¿Te divertiste?" Es como un interrogatorio. Cuando vienen mis amigos, también les hacen preguntas estúpidas, como "¿A qué colegio vas?" o "¿Dónde trabaja tu padre?"
- Mis padres no me entienden. Viven en otra época.
- En el único momento en que mi padre me habla es cuando hago algo mal o cuando trata de decirme qué debo hacer.
- Nunca ven nada desde mi punto de vista. Es el de ellos o nada.
- Cada vez que les digo a mis padres cuál es mi opinión o cómo me siento, me dicen lo equivocada que estoy o por qué no debería sentirme de esa manera.

- Cada vez que les pregunto algo a mis padres, me dan un sermón.
- Mi madre no para de hablar y no me deja decir nada. Me hace una pregunta y ella misma me da la respuesta.

Los problemas de comunicación son numerosos y variados. En esta parte del libro analizaré algunas de las cosas que interfieren en la buena comunicación con su hijo y le daré algunas sugerencias que aumentarán la frecuencia y la calidad de la comunicación entre ambos. Usar estos conceptos le facilitará hablar con su hijo. La interacción verbal resultante será más frecuente y significativa.

**Deben existir oportunidades para comunicarse.** Si yo estoy en América del Norte y usted en América del Sur, no son muchas las posibilidades de que nos comuniquemos seguido o por largo tiempo. De la misma manera, si su hijo pasa la mayor parte del día en su habitación y usted está ocupado en otra parte de la casa, las posibilidades de que haya interacción serán pocas. Para que pueda haber cualquier tipo de comunicación, ambos deben estar en el mismo cuarto. Esto se torna un problema cuando el chico llega a la adolescencia, porque tiende a pasar más tiempo con sus amigos, en su habitación o hablando por teléfono y, en general, evita interaccionar con sus padres u otros familiares. Es necesario crear oportunidades para comunicarse. Las sugerencias que se detallan seguidamente le ayudarán a aumentar la frecuencia en la comunicación y el deseo del adolescente de comunicarse.

Si su hijo no maneja o es demasiado joven para sacar la licencia de conducir, por lo cual usted debe llevarlo a diferentes lugares (a la casa de un amigo, a un partido de fútbol, al médico), el tiempo que pasan juntos en el auto puede ser un momento oportuno para hablar. Otra sugerencia es estar más en contacto con las actividades que gustan al adolescente: ayudarlo a lavar el auto o a arreglarlo, ir de compras, jugar al fútbol, ir a pescar u otras actividades relacionadas con sus intereses. Probablemente también sea una buena idea ir a su habitación, sentarse (si puede encontrar un lugar), escuchar la música que a él le gusta y hablar de eso. Tal vez a su hija le interese cocinar o a su hijo construir o reparar cosas; estas actividades podrían proveer una buena oportunidad para comunicarse. Aunque es probable que no le acepte la invitación, le podría preguntar si quiere ir con usted a la casa de su tía o de sus abuelos, a comer o al cine. La mayoría de las veces no aceptará, porque preferirá hacer otra cosa o estar con sus amigos, pero quizás lo sorprenda y lo acompañe. Las posibilidades pueden aumentar si le dice que invite a un amigo, aunque no lo dé por seguro.

A fin de que la comunicación sea posible, trate de crear la mayor cantidad de oportunidades para que usted y su hijo adolescente estén juntos.

**Hable por hablar.** Ya que la comunicación verbal entre padres e hijos disminuye durante la adolescencia, la mayor parte de la interacción verbal que tenemos con ellos es para hacerles entender algo, enseñarles algo, hacer que vean la situación desde un punto de vista diferente, cambiar su actitud, decirles qué están haciendo mal, mostrarles cómo hacerlo correctamente o convencerlos de la importancia de ciertas actividades. En otras palabras, cuando les hablamos, tratamos de lograr algo, en vez de disfrutar de una simple conversación. Las ganas que el adolescente tenga de hablar con nosotros seguramente disminuirán si estos constituyen la mayoría de nuestros temas de conversación. Un objetivo importante sería hablar por hablar, sin que se intente nada más.

Para eso, empiece por hablar de cosas que le interesan al adolescente. Las cosas que les interesan a mis hijos en este momento se centran en los deportes, las patinetas, los autos, la música y el sexo opuesto, por lo que si quiero tener una conversación sin ningún propósito en particular, me refiero a uno de esos temas. Puede hablar con ellos sobre películas que hayan visto, programas de televisión, estrellas del rock, novedades del colegio u otros asuntos que les conciernen. Muchas veces lo importante es comunicarse, sin que exista el propósito de hacerle entender nada: hablar por hablar.

Algunos adolescentes me cuentan que cuando hablan con sus padres sobre diversos temas, en general la conversación termina en un sermón. Tal vez el chico diga: "Cuando les hablo sólo para conversar, usan lo que digo para que yo entienda o aprenda algo". Si es así, el chico dejará de comunicarse. Un caso para tener en cuenta es el del adolescente de 16 años que está hablando con su madre acerca de un amigo que dejó el colegio: "Mamá, Mike ha estado trabajando en un restaurante de comidas rápidas desde que dejó el colegio. Ahora piensa irse y buscar otro empleo porque lo odia, dice que es mucho trabajo y además no le pagan bien." En vez de escuchar a su hijo y aprovechar la oportunidad para conversar sobre ese tema, la madre usa el comentario para hablar sobre el valor de la educación: que su amigo no debería dejar el colegio, que necesitará una buena educación para conseguir un buen empleo, y así sucesivamente. El chico comenzó la conversación para tener algún tipo de intercambio verbal y el resultado fue un sermón que no quería escuchar. En otro ejemplo, una adolescente le habla a su madre sobre una prima de 16 años que ya tiene un bebé y está embarazada de vuelta. El resultado es un sermón sobre el sexo, los varones, la necesidad de cuidarse y otros consejos. En estos dos ejemplos, los chicos les hablan a los padres sólo por hablar y en cambio reciben el Sermón N° 1. Cuando los adolescentes tratan de conversar con sus padres y obtienen este tipo de respuesta, sin duda la comunicación disminuye.

**Procure ser positivo.** Como ya se mencionó, la mayor parte de nuestra interacción con el adolescente tiene que ver con enseñarle algo, hacerle entender algo o hacerlo cambiar de actitud. Por consiguiente, una parte importante de la comunicación es negativa. Los padres le prestan más atención a los errores, las faltas de conducta y las fallas que a los logros y aciertos, especialmente en los adolescentes. Supongamos que la tarea de un adolescente es sacar a pasear al perro antes de irse a dormir: lo hace seis noches seguidas, pero la séptima se olvida. ¿Cuándo le prestan atención a su conducta? ¡En general la noche que se olvida de sacar al perro! Nadie le dice nada bueno sobre el resto de las veces. Otro ejemplo: su hijo limpia la cocina maravillosamente, pero se olvida de guardar los platos. Por supuesto, usted le prestará atención a la tarea que no hizo. Otro chico corta el césped y el cerco y luego rastrilla todo, sin embargo, no guarda la cortadora en el garaje: a la buena conducta no se le presta atención, pero se hace hincapié en la cortadora que quedó sin guardar.

¿Se comunicaría a menudo con su jefe o le tendría afecto si le estuviera criticando constantemente su conducta? No, tendería a evitar a esa persona y a mantener con ella la interacción verbal mínima. Todos tratamos de evitar situaciones que producen comentarios negativos; si la mayor parte de nuestra interacción verbal con el adolescente es negativa, él procurará evitarla. El resultado final será que el tiempo que pasa hablando con usted será muy reducido. Piense en los últimos diez diálogos o interacciones verbales que tuvo con su hijo adolescente: ¿Acaso la mayoría no tenía que ver con algún tipo de corrección o discusión sobre lo que estaba haciendo mal, su conducta negativa o lo que debería o no hacer?

Aunque a los padres les parece más fácil elogiar a un niño que a un adolescente, deberían prestar atención a algunas de las conductas apropiadas del adolescente (cuando guarda la ropa o saca a pasear al perro). Si el 99 por ciento de la cocina está limpia y queda sucio sólo el 1 por ciento, haga un 99 por ciento de comentarios positivos y pase por alto lo otro, o intercálelo con los comentarios positivos. Esfuércese por aumentar la interacción verbal positiva.

Hable con su hijo sobre sus logros, aciertos y buenas conductas tanto o más que sobre sus fracasos, errores y malas conductas. Si hoy habló con su hijo tres veces y las tres fueron negativas, es peor que si hubiera hablado 100 veces, de las cuales 50 hubieran sido comentarios negativos y 50 positivos. Una buena regla general es que, al irse a dormir, piense en la interacción que tuvo con su hijo durante el día: lo ideal sería haber pasado la mayor parte del día reconociendo sus conductas, actitudes y actividades positivas y no las negativas. Los adolescentes que reciben una importante cantidad de atención e interacción verbal positiva desean hablar más con sus padres. Si esto sucede, se mantendrá abierta la comunicación y usted se enterará más seguido de los sentimientos, opiniones y objeciones del adolescente.

**Es posible que usted hable demasiado.** Algunos padres hablan demasiado. Por ejemplo: un chico le pide al padre que lo ayude con un problema de álgebra porque uno de los pasos le está costando trabajo. El padre se sienta y se pasa 45 minutos explicando los temas como las incógnitas, los coeficientes racionales y la radicación. Entonces el adolescente piensa: "Cuando le pido a mis padres que me ayuden, mi intención es que me respondan una pregunta en particular, lo cual probablemente lleve uno o dos minutos; en vez de eso se sientan y se pasan una hora tratando de que entienda toda la materia". El resultado es que el adolescente no pide más ayuda.

Existen diversas áreas en las que los padres tienden a hablar demasiado:

*Las preguntas.* Al adolescente promedio no le gusta que le formulen muchas preguntas, e incluso siente que preguntas simples y hechas al pasar, del tipo de "¿Cómo te fue hoy?", "¿Te divertiste anoche?" o "¿Adónde vas el sábado?" son un interrogatorio. Si a los adolescentes se les plantean muchas preguntas, responderán de manera insolente, les dirán a los padres lo que estos quieren oír o directamente no les responderán.

Sería mejor que el padre discutiera una determinada situación con el adolescente, en lugar de hacerle una serie de preguntas complejas o de someterlo a un interrogatorio al respecto. Háblele sobre lo que sucedió y siga el hilo de la conversación, en vez de ponerlo en un aprieto con preguntas inconexas. Por ejemplo: su hijo tiene un nuevo amigo y usted quiere saber sobre él y su familia. En vez de preguntarle: "¿Cuántos años tiene Johnny?", "¿A qué colegio va?", "¿Tiene hermanos?", "¿A qué se dedica el padre?", podría hacerle una sola pregunta o esperar a que él empiece a hablar sobre su amigo y escucharlo. La respuesta del adolescente a la pregunta puede estar cargada de información o su conversación le puede sugerir diversas áreas sobre las que podrá profundizar. Puede preguntarle: "¿Qué hiciste hoy en la casa de Johnny?", o es posible que él quiera contarle sin que usted se lo pregunte. Mientras hablan sobre lo que hicieron, su hijo puede generar más información, tal como: "El hermano de Johnny vino con nosotros a buscar un casete a la casa de Billy". Entonces usted podría aprovechar la mención al hermano para preguntarle sobre los hermanos de Johnny en general. En otras respuestas, su hijo tal vez mencione a los padres de Johnny, la escuela a la que este concurre u otros aspectos. La información que le dé su hijo lo ayudará a determinar el rumbo de la conversación; de esta manera, él no sentirá que lo están sometiendo a un interrogatorio y la charla fluirá con más naturalidad. Trate de evitar las preguntas inconexas y utilice la información que le provea su hijo para encaminar el diálogo y reunir los datos que usted desea.

Algunos chicos se quejan y dicen: "Mi madre me hace una pregunta y la responde ella misma antes de que yo pueda decir algo". Este tipo de reacción por parte de un progenitor es una buena manera de reducir al máximo la comunicación con su hijo. Tiene que aprender a escuchar y darle a su hijo la oportunidad de responder las preguntas que le hace.

*Los sermones.* "Ay, no. Aquí vuelve el Sermón 35". Algunos chicos me dicen que sus padres deberían grabar sus sermones y hacérselos escuchar, de tantas veces que los han repetido. Un adolescente me contó que odiaba hablar con su padre y cuando le pregunté la razón, me dijo: "Cada vez que hago algo mal u obtengo una mala calificación en el colegio, mi padre se sienta conmigo y tenemos una larga charla". En otras palabras, una gran parte de la interacción del padre con su hijo consistía en sermones.

A veces, cuando tratamos de que nuestro hijo entienda algo, es mejor ser conciso que darle otro sermón, ya que los chicos en general se desinteresan de los sermones. Su comunicación será más eficaz si usted es breve y puntual.

*La repetición*. Este tema está relacionado con los dos anteriores (las preguntas y los sermones) y con algunos otros. Los padres tienden a dar el mismo sermón una y otra vez y a veces a repetir la misma pregunta varias veces. Esta es una buena manera de que sus hijos se desconecten y reduzcan la interacción verbal al máximo. Estarles encima también tiene que ver con repetir: tal vez formule varias veces al día la pregunta "¿Hiciste la tarea?" o repita demasiado instrucciones tales como "Ordena tu habitación".

Casi siempre, si los padres reiteran las cosas continuamente es porque el adolescente no hace lo que le piden. Como ya mencionamos, en vez de recordarle 500 veces a su hijo que ordene su habitación, sería mejor establecer una regla y la consecuencia de la conducta. Explique su expectativa y la consecuencia, y luego déjelo en paz: "Hasta que no hayas ordenado tu habitación no podrás salir el sábado" o "Hasta que no hayas terminado la tarea no podrás hablar por teléfono".

Demasiados cuestionamientos y sermones, y la repetición de preguntas e instrucciones producen más ira, resentimiento, obstinación, oposición y enfrentamiento. Recuerde que los adolescentes se irritan con suma facilidad ante esos "adultos estúpidos" que les dicen qué hacer. Cuanta más interacción negativa haya, más probable será que crezcan la ira, el rencor y otros sentimientos negativos.

**A veces, hablar no modifica la conducta.** A algunos adolescentes, las charlas, las explicaciones, los sermones, o hacerles ver el problema desde un punto de vista diferente, los ayuda a cambiar de conducta. En otros, la charla resulta tan eficaz como pedirle a la pared que se corra unos diez metros. Esto se explica en detalle en la Clave 23. Algunos chicos, "los chicos de la actitud", comienzan a tener actitudes apropiadas a través de la comunicación o de la explicación, y una vez que muestran la actitud deseada, la conducta cambia. A otros, las charlas, explicaciones y sermones les entran por un oído y les salen por el otro, y no cambian su conducta: necesitan sentir las consecuencias de su conducta, para mostrar la actitud deseada. Por lo tanto, con algunos chicos, las charlas y la interacción verbal deberían usarse como una forma de comunicación, no como una táctica disciplinaria para cambiar su conducta. Para estos adolescentes, lo que usted dice no es tan importante como lo que usted hace.

Tomemos como ejemplo al chico de 15 años que continuamente le pega a su hermano menor, quien pesa 30 kilos menos. El padre se sienta con el hijo mayor y le explica que puede lastimar a su hermano porque es mucho más pequeño; que debería tolerarlo, quererlo y no pegarle. Sin embargo, luego de repetir la explicación varias veces, el chico sigue pegándole a su hermano.

Otro chico no hace la tarea y ya ha recibido por lo menos 47 sermones diferentes sobre la importancia de la educación y lo necesario que es hacer las tareas, pero cuando se trata del colegio su actitud sigue siendo: "No me importa".

En este tipo de chicos, lo único que se logrará con las explicaciones excesivas será dañar la buena comunicación. En los ejemplos anteriores, los padres deberían decir: "La próxima vez que le pegues a tu hermano, te va a pasar esto (la consecuencia), pero si no le pegas, va a suceder algo diferente (otra consecuencia)". O bien: "Si haces la tarea, podrás usar el auto el fin de semana o ir al cine el sábado. Si no la haces, no saldrás el fin de semana".

**Piense antes de abrir la boca.** Este tema tiene que ver más que nada con las reacciones exageradas o impensadas ante lo que ha dicho el adolescente. Muchos chicos dicen cosas para hacer enojar a los padres o para que reaccionen de una determinada manera. Si usted reacciona de forma exagerada, hace lo que ellos querían. Si esto sucede, probablemente sigan diciendo cosas para provocarlo. Tal vez un adolescente de 15 años diga: "Voy a dejar el colegio. No necesito educación y estoy cansado de hacer las tareas". Entonces el padre reaccionará, se disgustará, comenzará a sermonearlo y a reprenderlo, explicándole el gran valor que tiene la educación. Tal vez otro chico que no se está saliendo con la suya diga: "Me voy de esta casa y no vuelvo más", a lo que con frecuencia le seguirá una reacción exagerada.

La otra reacción que es parte de esta categoría es no pensar antes de responder. Puede ser algo simple, como esto: un chico le pregunta a su madre: "Mamá, ¿puedo quedarme a dormir en la casa de Robbie?", y un segundo después de que el chico hizo la pregunta, la madre le responde que no. Pero después de pensarlo un momento, se da cuenta de que no había razón para decirle que no, y entonces le dice que puede ir. Algunos padres responden que no, antes de pensar siquiera cuál fue la pregunta.

Mi hijo de 17 años trabajó este verano durante dos semanas y al recibir su primer sueldo, me dijo que iba a comprar un auto nuevo. Al principio, pensé: "Estás loco, no tienes dinero suficiente ni para comprar las cubiertas. ¿Tienes idea de cuánto cuesta un auto nuevo?". Quería decirle lo descabellada e imposible que era su idea. Pero en vez de responderle de esta manera, empecé a preguntarle qué tipo de auto se iba a comprar, qué color y demás. Luego de un tiempo, hablamos sobre cuánto le costaría el auto y creo que empezó a tomar conciencia de lo mucho que le faltaba para pensar siquiera en un auto nuevo. Es decir, estimo que se dio cuenta de lo que yo había pensado al principio sin tener que decírselo.

Una madre me contó que una vez su hijo de 15 años había planificado alquilar una limosina para ir al baile con un par de amigos. Ella pensó que era una idea ridícula; sabía que el chico no tenía el dinero suficiente. Pero en lugar de decirle esto, empezó a preguntarle si sabía cuánto costaba alquilar una limosina, dónde podía alquilarse, etc. La mayoría de las veces el chico respondió "No sé"; entonces la madre le sugirió que buscara más información, para poder hablar mejor acerca de ello. A los cuatro días, el chico le preguntó si ella podía llevarlos al baile en el auto de la familia. Al no decirle que no a algo que sabía que no podía suceder, la madre evitó una batalla y una confrontación.

Manteniendo la calma y pensando un poco antes de hablar, puede evitarse una cantidad importante de comentarios negativos, confrontaciones, desilusiones o sermones respecto de lo errado que está el chico. Esto es mucho más fácil de decir que de hacer, pero se torna más fácil con la práctica. Si ha evaluado la situación y siente que su hijo dice ciertas cosas para que usted reaccione de determinada manera, no le dé el gusto. Si usted es propenso a las reacciones exageradas o a responder antes de pensar, sería bueno responderle a su hijo que va a tener en cuenta la situación o usar el método: "Déjame pensarlo y después te contesto". Luego de un tiempo podrá hablarle. También puede decirle que quiere discutir el tema con su esposo/a y que le contestará más adelante. Para pensar antes de responder, también puede usar la técnica de contar hasta 10 y varias otras.

**"Porque lo digo yo"**. Aunque en general tratamos de entender los sentimientos de los adolescentes y de comunicarnos lo mejor posible con ellos, hay algunas situaciones en las que la única respuesta parece ser: "Hazlo porque lo digo yo". Esto sucede especialmente cuando usted tiene un hijo que no acepta un no como respuesta. Usted le podrá dar cien explicaciones diferentes sobre por qué se negó a su pedido, pero la única respuesta que él quiere escuchar y que lo hará feliz es un sí. Cualquier otra respuesta será vana y los razonamientos, charlas y explicaciones no tendrán sentido.

Suponga que yo le digo que creo que usted debería trabajar tres días y medio y descansar otros tres días y medio. Tras esta declaración, usted me explica: "La gente solía trabajar siete días a la semana; debería estar contento de tener que trabajar sólo cinco. De hecho, debería estar agradecido por tener un trabajo". No obstante, lo único que me haría feliz sería que usted me dijera: "Tiene toda la razón, dedíquese a trabajar sólo tres días y medio". Sin embargo, si yo trabajara para usted, probablemente me responda: "Yo soy el jefe y usted el empleado. O viene a trabajar cinco días a la semana o se busca otro empleo". En otras palabras, la razón que aquí se aplica es "Porque lo digo yo". Otro ejemplo: "Dame una buena razón para tender la cama todos los días si luego la voy a deshacer todas las noches". Es posible que el padre no tenga otra buena razón para responder a este planteo más que la de: "Esta es mi casa. Yo trabajo, pago las cuentas y mientras vivas aquí, lo harás porque lo digo yo".

Tal método de comunicación no debería usarse con frecuencia. Sin embargo, si usted tiene un hijo adolescente que le pide explicaciones constantemente y lo único que lo hace feliz es que usted le diga lo que él quiere escuchar, es posible que tenga que hacer uso de la técnica "Porque lo digo yo".

**No me preguntes "¿Por qué ?" sino "¿Qué puedo hacer?"** Este es un concepto del que hablo a menudo con los adolescentes que me dicen: "Mis padres no entienden mi punto de vista y no me quieren escuchar. No sé qué tengo que hacer para ganar este privilegio". Cuando el adolescente pregunta "¿Por qué?", obtiene una explicación del padre, y el chico se siente de la manera que acabamos de mencionar. El chico vuelve a preguntar "¿Por qué?" y el padre le da otra explicación. Luego de un tiempo, tanto el padre como el hijo se sienten frustrados.

Supongamos que un adolescente deba volver a la casa todos los días a las 12:30 de la noche y le pide a su padre que extienda el horario hasta la 1:00, pero el padre se niega. Cuando el adolescente pregunta por qué, el padre le dice: "No hay nada que puedas hacer después de las 12:30 de la noche, excepto meterte en problemas". El chico responde: "Todos mis amigos se quedan hasta más tarde. ¿Por qué yo no puedo?". El padre vuelve a explicar. Después de varias explicaciones, el adolescente todavía pregunta por qué y el padre le sigue respondiendo: "Porque no confío en ti, no eres responsable. Tal vez no vayas a donde nos dices que vas. Me preocupo por ti". Al final de la discusión, al chico no le permiten quedarse hasta más tarde. En vez de que su hijo le pregunte por qué continuamente, mi sugerencia sería que él pregunte: "¿Qué puedo hacer para obtener este privilegio?". Si el padre le dice: "No puedes estar fuera de casa después de las 12: 30 porque no siento que seas lo suficientemente responsable o no puedo confiar en ti", una respuesta del adolescente que aumentaría la comunicación y permitiría avanzar hacia un acuerdo podría ser: "¿Qué puedo hacer para demostrarte que soy responsable y así poder obtener este privilegio?", "¿Qué conductas debo mostrar para que confíes más en mí?". La respuesta del padre puede incluir interesarse más por el colegio, mentir menos o ayudar más en la casa. Entonces el adolescente tendrá una idea de lo que debe hacer para lograr este objetivo. Al responder de esta manera, tanto el padre como el hijo establecen una situación en la que pueden llegar a un acuerdo. Si el chico hace lo que los padres le piden, podrá obtener lo que desea. A menudo les digo a los adolescentes que, preguntar "¿Por qué?" no los conducirá a nada, pero preguntando "¿Qué puedo hacer?" lograrán lo que quieren.

# 19

## COMO APRENDER A ESCUCHAR Y A ENTENDER

**E**scuche. Para comunicarse eficazmente con otro individuo, hay que escucharlo; por supuesto que esto es más
fácil decirlo que hacerlo. A mucha gente le resulta difícil
escuchar a los demás, pero hay personas que han aprendido.

Suponga que usted y yo estamos discutiendo sobre el presidente de la Nación: para mí es el mejor presidente que haya-
mos tenido, pero para usted es el peor. Usted me pregunta:
"¿Por qué piensa que es el presidente más importante o el
mejor?"; yo le doy una lista de razones y le digo algunas de las
cosas importantes que ha hecho. En lugar de explicarme por
qué estoy equivocado o refutar lo que dije, usted debería tratar de escucharme y entender mi posición; el que no habla
debe escuchar y entender qué quiere decir la otra persona, y
no discutirle o refutarla. Quien realmente escucha no trata de
interrumpir y dar su propia opinión, sino que formula más preguntas para entender la posición del otro.

**Bríndeles su atención.** Ya que en general los adolescentes no nos dan información ni comienzan a conversar con
nosotros por propia iniciativa, cuando sí desean comunicarse
deberíamos brindarles nuestra total atención. Nosotros no les
hablaríamos a los que nos ignoran o se muestran poco intere-
sados cuando queremos conversar; de la misma manera, si el
adolescente siente que a los padres no les interesa o no les
importa lo que él tiene para decir, sus intentos de brindarles
información o de comunicarse con sus padres disminuirán.

Una adolescente vuelve del colegio después de un día en el que han sucedido varias cosas y tiene mucho que contarle a su madre; la encuentra preparando la cena en la cocina, se sienta y le empieza a hablar; pero la madre no le contesta, sino que sigue cocinando y la adolescente tiene que hablarle a la espalda. ¿Usted seguiría hablando con alguien que le está dando la espalda?

Otro chico trata de hablar con su padre, quien está leyendo el periódico sentado en el sillón. El adolescente intenta empezar una conversación varias veces, al fin, se cansa de hablarle al periódico y se calla.

Una forma segura de disminuir al máximo la interacción verbal entre usted y su hijo es responderle de maneras similares a las que acabamos de describir. Si quiere que su hijo siga hablándole y le cuente lo que le sucede, debe brindarle su total atención: cuando él tenga algo para decirle, cierre el periódico, deje de cocinar (de ser posible), apague el televisor, siéntese, mírelo a los ojos y escúchelo. Deje de hacer por unos minutos lo que estaba haciendo y préstele atención, ya que a nadie le gusta hablar si la otra persona se muestra poco interesada o está haciendo otra cosa.

**Trate de entender lo que le sucede.** En muchas ocasiones en las que el adolescente nos cuenta sobre sus sentimientos, opiniones o actitudes con respecto a cierto tema, tratamos de que se sienta mejor, de arreglar la situación y de convencerlo de que lo que siente no es apropiado ni correcto. Esta es una reacción típica de los padres: el adolescente les cuenta sus opiniones y sentimientos verdaderos y ellos lo desestiman y le dicen que no se preocupe, además de darle las razones por las cuales no debe sentirse así. Cuando esto sucede, la interacción verbal disminuye y el chico no se comunica con sus padres con tanta frecuencia. Los ejemplos que aparecen a continuación hacen hincapié en este tema.

Su hija de trece años le cuenta que su novio la dejó: está destrozada, para ella se ha derrumbado el mundo, no va a volver a amar a nadie mientras viva, no sabe cómo va a hacer para vivir sin él. La típica respuesta de los padres en esta situación es tratar de "arreglar" los sentimientos de la adolescente, de hacerla sentir mejor. Tal vez usted le diga: "Eres hermosa y muy chica todavía; además, fue tu primer novio, pero hay tantos chicos que, seguro que vas a encontrar otro". Usted pretende que ella se sienta mejor, pero no está haciendo el esfuerzo de entender sus sentimientos, sino de hallar una explicación convincente. En su lugar, debería ponerle como ejemplo una relación similar que usted tuvo y así demostrarle que la entiende.

Otro adolescente vuelve de la escuela y dice: "Mi profesora es una estúpida, me pone loco. ¡Mira toda la tarea que nos ha dado! Debe pensar que lo único que tenemos que hacer es quedarnos en casa y trabajar". La típica respuesta del padre puede ser: "Veamos lo que te dio", y luego de ver la tarea, dice: "No es mucho. Te da esto para ayudarte a aprender, se preocupa por ti y quiere que consigas un buen trabajo cuando seas más grande", lo cual equivale a decirle: "No deberías sentirte así". Una respuesta mejor puede ser: "Una vez mi jefe me dio tanto trabajo que pensé que nunca lo terminaría. Yo también me enojé mucho y lo consideré la peor persona del mundo. Por eso, entiendo cómo te sientes".

Otro adolescente le dice a su padre: "Quiero ser parte del equipo de fútbol del colegio, pero tengo miedo de ir al entrenamiento. No sé si soy tan bueno como los otros jugadores y tal vez no sepa qué hacer, o me equivoque o haga el ridículo". Es posible que el padre le diga: "No tienes por qué preocuparte, eres un buen jugador. Has estado jugando con tus amigos varios años y te debería ir bien en el entrenamiento", que equivale a decirle: "Lo que sientes está mal". Una respuesta mejor sería: "Una vez tuve que dar una charla en la Asociación de Padres y pensaba que no lo iba a poder hacer. Hubiera preferido quedarme en casa y no ir a la reunión porque tenía miedo y no sabía qué iba a suceder. Me sentía como tú ahora, pero cuando me paré frente a la gente y empecé a hablar, el miedo desapareció y di una buena charla".

Los chicos de estos ejemplos están expresando sentimientos genuinos, reacciones instintivas: el primero está disgustado y poco feliz, el segundo está enojado y el último se siente inseguro. El padre típico generalmente responde de una manera que tiende a negar o a desestimar los sentimientos del adolescente. En situaciones como estas, el padre no debería estar de acuerdo o en desacuerdo con su hijo, sino tratar de entender y aceptar sus emociones. Por ejemplo, si le digo a usted: "Tengo miedo de que este edificio se caiga y nos lastime. Estoy muy nervioso", lo que no quiero escuchar es: "No debería tener miedo. Este edificio está bien construido y no se va a caer. No debe preocuparse. Los edificios no se derrumban con facilidad". Tal vez lo que usted deba decir sea: "Una vez estuve a punto de accidentarme con el auto, tenía mucho miedo y estaba realmente nervioso. Sé exactamente cómo se siente". Con esta breve declaración, usted ha aceptado y entendido mis sentimientos; tal vez esto sea lo que los adolescentes necesitan. No debe tratar de hacerlos sentir mejor, decirles que no deberían sentirse así, restar importancia a sus sentimientos o mostrarles que no es apropiado ni correcto que se sientan así. Tal vez lo que el chico dijo se vincule con sus sentimientos, sus actitudes, su percepción de la situación o su opinión. Si usted le responde demostrándole que entiende cómo se siente, sin estar de acuerdo o en desacuerdo, aumentará la probabilidad de que le siga contando sus cosas; si el adolescente advierte que sus padres lo entienden, se sentirá más cómodo para relacionarse con ellos y les hablará con más frecuencia.

**Busque los sentimientos subyacentes.** Este problema es un poco más difícil que los otros que discutimos en esta Clave y en la anterior, ya que implica interpretar lo que dice el adolescente. A veces, hay emociones escondidas en lo que dicen y si nos centramos sólo en la conducta o en las palabras, tal vez pasemos por alto sus verdaderos sentimientos. Por lo tanto, para actuar de manera eficaz y mantener la comunicación, es necesario buscar los sentimientos que se esconden detrás de las palabras o las conductas. A continuación se dan dos ejemplos.

Suponga que un padre le promete a su hija salir el sábado a manejar por primera vez. Es natural que ella esté muy contenta y no vea la hora de que llegue el fin de semana, pero el sábado está tormentoso y se pronostica lluvia durante todo el día. De todas maneras, le dice a su padre: "Vayamos a manejar". El le explica por qué no se puede practicar bajo la lluvia, pero sus explicaciones no la satisfacen y ella insiste: "¿Por qué no podemos salir con lluvia? Seré cuidadosa". El padre vuelve a explicar y agrega algunas otras razones, pero la adolescente sigue insistiendo. Luego de recibir cien explicaciones más a sus "¿por qué?", todavía quiere ir y sigue disgustada.

Un chico entra en su casa como un torbellino, dando portazos y diciendo: "¡El Sr. Billings es un tarado! ¡Es la persona más estúpida que conozco!". Luego de escuchar sus pataleos y quejas por un rato, su madre le pregunta: "¿Qué sucede?", y él le explica que el Sr. Billings dijo que le pagaría si cortaba el césped, y una vez que el trabajo estuvo hecho no cumplió con su palabra. Cuando el chico sigue con esta conducta, la madre le dice: "Deja de actuar así y contrólate. Mejor que no vuelvas a dar un portazo, porque si rompes la puerta, la vas a tener que pagar".

Los padres de estos ejemplos se centran sólo en la conducta o las palabras del adolescente y no en los sentimientos que hay detrás. Si bien hay mucho intercambio verbal, la comunicación no es eficaz ni satisface a nadie.

Una manera posible de mejorar la comunicación y dejar tranquilo al adolescente es no sólo escuchar lo que dice y centrarse en su conducta, sino buscar los sentimientos presentes detrás de las verbalizaciones y las conductas. En ambas situaciones, los chicos se sienten frustrados, insatisfechos, desilusionados y enojados. En lugar de darles explicaciones una y otra vez o de centrarse en su conducta, el padre podría actuar de manera acorde con los sentimientos subyacentes. Este enfoque guarda cierta similitud con el del capítulo anterior, que hablaba de entender los sentimientos del adolescente.

A la adolescente que esperaba su primera lección de manejo, el padre le podría haber dicho: "Debes estar enojada y desilusionada porque planeábamos ir hoy, pero está lloviendo y no podemos. Recuerdo que una vez, cuando era joven, había ahorrado dinero durante un largo tiempo para comprarme mi primer auto. Cuando lo fui a comprar, no tenían el que yo quería, por lo que tuve que encargarlo y esperar seis semanas. Estaba desilusionado y molesto. ¿Es así como te sientes?". A medida que ella comienza a expresar sus sentimientos, el padre puede centrarse en ellos en lugar de hacerlo en las verbalizaciones; le puede decir que saldrán a manejar al día siguiente. En el ejemplo del chico que no recibió su pago por cortar ·el césped, la madre tendría que haber atendido los sentimientos del chico y no su conducta, ayudarlo a calmarse y hablar de su enojo y resentimiento. Así, probablemente habría minimizado la conducta destructiva y los pataleos y quejas.

Buscar los sentimientos que hay detrás de las palabras del adolescente es un método eficaz de comunicación. A menudo, puede evitar la interacción negativa (disgustarse con él y reprenderlo) y ayuda a tener una buena relación.

**La comunicación no verbal.** Se han escrito diversos libros sobre el lenguaje del cuerpo y la comunicación no verbal. Los sentimientos, las actitudes, los intereses y desintereses se pueden comunicar a través del tono de voz, la postura corporal y las expresiones faciales, es decir, puede haber comunicación sin que se usen palabras. Al tratar con el adolescente, deberían buscarse señales no verbales que indiquen sus sentimientos. Por ejemplo, es posible que cuando se dirija a usted, revele nerviosismo o se muestre inquieto, con lo que demostrará sentir tensión o incomodidad. Este tema guarda cierto vínculo con la Clave en la que hablamos de buscar sentimientos subyacentes o mirar más allá de las verbalizaciones, para identificarlos.

También debe tener en cuenta la manera en que usted reacciona físicamente a lo que el adolescente le dice. En una ocasión, un chico de dieciséis años me dijo que su madre pensaba que él mentía la mayoría de las veces y por eso no confiaba en él. Cuando hablé con la madre, me aseguró que no era verdad y que no recordaba haberle dicho a su hijo que era un mentiroso. Durante una discusión que tuvieron ambos en mi consultorio, el adolescente aceptó que la madre nunca le había dicho que era un mentiroso, pero agregó: "Me mira de una manera... con eso sé que no me cree". La madre aseveró que no era así, que el chico era demasiado sensible y estaba exagerando. Luego tocamos otros temas, tales como las tareas y responsabilidades del chico en la casa. En varias ocasiones, en que la madre no estuvo de acuerdo con su hijo o pensaba que no decía la verdad, lo miró de una manera en particular. Luego de que esto se repitiera varias veces, el chico me dijo: "¿Ve lo que le digo? ¿Ve cómo me mira?". Cuando la madre se dio cuenta de su conducta, aceptó que esto pasaba cuando sentía que él no le decía toda la verdad o que estaba exagerando. Recién pudo cambiar su manera de actuar al tomar conciencia de su reacción y del efecto que esta tenía sobre su hijo.

Otro chico se me quejaba: "Cada vez que le hago una pregunta a mi padre, se disgusta conmigo". Le pregunté cómo lo sabía; ¿el padre se lo decía o no quería hablar con él? Me contestó: "Cada vez que le digo 'Papá' o le hago una pregunta, él me dice '¿Qué quieres ahora?' o '¿Qué pasa?', y su tono de voz me demuestra que le molestan mis preguntas o no quiere que lo interrumpa. Es como si prefiriera no hablarme". El chico no se sintió así por lo que dijo el padre, sino por la forma en que lo dijo.

En la Clave de las "Preguntas y Respuestas" (pág. 193) se habla de prestarle total atención al chico cuando él le está hablando. Usted no le hablaría a alguien que le está dando la

107

espalda o que está ensimismado con el periódico, ya que la otra persona está utilizando la comunicación no verbal. No es necesario que le diga al chico que le molesta lo que él dice o que no está interesado en la conversación; para que se dé cuenta, basta con la manera en que usted lo mira, su expresión facial, su postura corporal y otros factores no verbales. Este tipo de comunicación reducirá la interacción entre usted y su hijo.

**No es lo que dicen sino cómo lo dicen.** El viejo adagio "Los chicos están para mirarlos, no para escucharlos" ciertamente no promueve la comunicación entre padres e hijos. Queremos que el adolescente se comunique con nosotros, pero como está desarrollando opiniones y actitudes que difieren de las nuestras, los desacuerdos y las diferencias de pareceres formarán parte de la comunicación. Lo que usted debe hacer es preguntarle cuáles son las cosas del entorno familiar que le molestan, qué le gustaría que cambiase o cómo le gustaría que lo tratasen. Los padres deberían apreciar estas opiniones y otras que no concuerden con las suyas. No obstante, lo que importa no es lo que el adolescente dice, sino la manera y el tono en que lo dice.

A menudo, cuando hablo con un chico, me confiesa: "Mis padres no me entienden. Nunca me escuchan ni tienen en cuenta mis sentimientos" y me da un ejemplo: tal vez le pidió permiso a su padre para ir con sus amigos a un recital y él le dijo que no. Le pregunto: "¿Qué le dijiste?" y me lo cuenta de una manera adulta y calma. Cuando termina, le comento: "Eso está muy bien y es muy claro, pero ¿le hablaste a tu padre de la misma manera en que me estás hablando a mí?". Después de reflexionar, la respuesta común es : "No". El adolescente no preguntó con calma, sino que usó un tono insolente, discutidor o sarcástico y luego comenzó a gritar, a hablar por lo bajo o a quejársele al padre, diciéndole lo que opinaba sobre su decisión.

Muchos adolescentes sólo expresan sus sentimientos y dicen lo que les molesta cuando se enojan, por lo que todo termina en un concurso de gritos entre ellos y sus padres. A menudo les digo: "Cuando la gente me grita, no escucho lo que dice. Todo lo que oigo son gritos. Cuando me atacan, yo hago lo mismo. Si tú eres el chico y yo el adulto, ¿a quién le tocará la peor parte?"

Si esta situación es común en una familia en la que hay adolescentes, ellos les dicen a sus padres lo que no les gusta y lo que les gustaría cambiar. Sin embargo, esto no conviene hacerlo durante una discusión, sino en los momentos en que nadie está disgustado y todos pueden hablar en calma. Al mismo tiempo, les comunico a los padres que le he pedido al chico que empiece a decirles lo que no le gusta de su hogar y lo que le gustaría que cambiara. Pero también le digo al chico que quiero que se exprese de manera adulta y serena, sin gritos ni insolencia. Si expresa sus sentimientos de esta forma, los padres deben escucharlo, tratar de entender sus sentimientos e introducir los cambios que sean posibles. Además, si usted puede hacer que el chico diga lo que no le gusta, tendrá herramientas para utilizar en un acuerdo. Por ejemplo, si su hijo le dice que le molesta tener que estar de vuelta en casa a una hora tan temprana, usted podrá usar esta situación para llegar a un acuerdo: si mejora en el colegio, podrá volver más tarde.

La adolescencia es un período de rebelión y de lucha por conseguir más independencia; por lo tanto, habrá muchas áreas en las que sus hijos no estarán de acuerdo con usted o no verán las cosas de la misma manera. Recuerde que *lo importante* no es qué dicen sino cómo lo dicen: si expresan su desaprobación y desacuerdo con las reglas familiares y con la manera en que se los trata, escúchelos y trate de actuar de manera positiva. Al chico que le dice a su padre: "Creo que debería poder hablar más por teléfono. Quince minutos al día no me parecen suficientes y además hago toda la tarea y tengo buenas calificaciones", tendría que tratárselo en forma diferente que al que patalea y se queja porque no puede usar el teléfono lo suficiente.

Es aceptable que un adolescente le diga a su madre que no le gusta comer hígado los lunes a la noche, pero sería totalmente inaceptable que el lunes entrara en la cocina y comenzara a amenazar a su madre con que no comerá esa "basura" y que será mejor que aprenda a cocinar algo "decente".

Al tratar de mostrarle al adolescente cómo expresar su desaprobación de manera apropiada, con frecuencia recurro a este ejemplo. Digamos que le pida a usted su opinión sobre mi camisa; a usted no le gusta y piensa que es horrible. Ahora bien, usted puede responder de varias formas. Me podrá decir: "Esa camisa es una porquería. Yo no la usaría ni para lavar el auto", o bien: "Debe de haber estado borracho cuando la compró. Nadie en sus cabales compraría algo así", o tal vez: "No me gusta mucho". Dijo lo mismo de tres maneras diferentes. Si escucho las primeras dos, probablemente no lo entienda, considere lo que usted dice como un ataque y yo también lo ataque. Si escucho la tercera, entiendo perfectamente lo que me dice y tengo la oportunidad de responderle de manera apropiada.

Hay que alentar al chico para que nos exprese sus sentimientos y opiniones, pero debemos enseñarle a hacerlo correctamente, con calma y como un adulto. Por lo tanto, esta comunicación no debería ocurrir en el calor de una discusión o cuando las cosas no están sucediendo como él quiere. Trate de hablar de los conflictos en momentos en los que todo esté tranquilo. Este consejo sirve tanto para los padres como para los hijos.

# 20

# PUNTOS PARA TENER PRESENTES CON RESPECTO A LA COMUNICACION

1. Recuerde que durante la adolescencia la comunicación disminuye y el chico confía menos en sus padres. Este es un proceso normal, por lo que hay que tomarlo con calma.
2. Escuche al adolescente, trate de entender sus sentimientos y qué se propone. En lugar de discutirle y contestarle, escúchelo.
3. Deje lo que está haciendo, mire al adolescente y escúchelo cuando le habla. Asegúrese de prestarle la atención adecuada y de que no le esté hablando al periódico o a su espalda.
4. Trate de que la mayor parte de su comunicación sea positiva, no negativa. No se quede en los errores, fallas, faltas de conducta o lo que olvidó hacer. Sea positivo y hable sobre sus logros, sus aciertos, sus intereses y su buen comportamiento.
5. Háblele sobre lo que le interesa (música, deportes, autos, motos). Mantenga conversaciones en las que el propósito no sea hacerle entender algo, enseñarle algo o impresionarlo. Hable por hablar, con el único fin de tener una interacción verbal positiva.
6. Evite hablar demasiado, dar explicaciones excesivamente largas o detalladas, repetir sermones una y otra vez, preguntar mucho o usar otras formas de comunicación cuyo resultado sea que el adolescente haga oídos sordos a lo que usted le dice.

7. Procure entender los sentimientos del adolescente. No necesariamente debe estar de acuerdo o en desacuerdo, sólo hágale saber que usted lo entiende. No trate de desestimar sus emociones. Hay momentos en los que usted no tiene que arreglar las cosas o hacerlo sentir mejor; le hará bien con sólo demostrarle que lo entiende.

8. No exagere ante lo que él dice. Recuerde que a veces los adolescentes dicen cosas para obtener cierta reacción por parte de los padres. Tampoco diga no, demasiado rápido; en algunas ocasiones es mejor reflexionar sobre el pedido y dar una respuesta más tarde. En otras palabras, piense antes de abrir la boca.

9. Haga lo posible por crear situaciones en las que puedan hablar (llevarlo al médico o bien que lo ayude con las tareas del hogar), para lo cual debe estar físicamente cerca de él. Un televisor en la habitación del adolescente se puede convertir en un obstáculo adicional en la comunicación familiar. Cuando así se lo permitan las circunstancias, realicen cosas juntos, en lugar de separados y, aunque su hijo no le acepte seguido las invitaciones, busque oportunidades para que esto suceda.

10. Trate de evitar las luchas de poder, las confrontaciones y las discusiones. Su objetivo debería ser llegar a un acuerdo y no entablar una batalla. Cuando lo considere apropiado, haga que el adolescente participe en las decisiones y explíquele cuáles serán las consecuencias de su conducta.

# 21

# LA IRA Y LA CONDUCTA REBELDE

Al comenzar el libro di un ejemplo algo ridículo sobre alguien que se creía casi tan inteligente como Albert Einstein pero trabajaba para dos personas con discapacidad mental. Estos "empleadores" le obligaban a hacer cosas sin sentido y por eso estaba enojado la mayor parte del tiempo. Este ejemplo tipifica qué siente el adolescente con respecto a sus padres y otras figuras de autoridad. La ira y la rebeldía son muy normales en el adolescente en su lucha por lograr la independencia.

Sin importar cuáles sean nuestras acciones, el chico manifestará ira, oposición, terquedad y resistencia. Durante este período de su vida, nuestro objetivo más importante es lograr que esos sentimientos no se acumulen ni crezcan. Ciertas formas de tratar a su adolescente harán que se intensifiquen, otras no; por lo tanto, en esta Clave nos referiremos a las técnicas eficaces y las que no lo son para tratar con estas emociones y conductas.

En general, la ira es una forma de mostrar la desaprobación. Si usted está enojado conmigo, esto quiere decir que estoy haciendo o diciendo algo que no le gusta. De la misma manera, si su hijo muestra una conducta agresiva o rebelde hacia usted, sus pares u otras personas con autoridad, quiere decir que no está de acuerdo con lo que hacen o dicen.

**Maneras de expresar la ira.** La desaprobación, la ira y la rebeldía se pueden expresar de varias maneras; algunas son eficaces y apropiadas, otras no lo son y originan más problemas de los que resuelven. Suponga que un adolescente va a ir a un baile en el colegio y le pregunta a los padres si después de bailar puede ir a comer con sus amigos. Los padres no le dan permiso y le dicen que debe volver a su casa inmediatamente después del baile. El chico repite el pedido varias veces, pero la respuesta sigue siendo negativa. Este adolescente manejará sus sentimientos de frustración e ira de cinco formas básicas:

1 *Puede expresar sus sentimientos de manera apropiada.* Es decir, puede hablar con sus padres sobre lo que siente, con calma y como un adulto. ("No me gusta que me traten como a un niño y que me obliguen a volver a casa después del baile. Todos mis amigos van a estar allí y yo voy a parecer estúpido si tengo que volver a casa y no puedo salir a comer con ellos. Me disgusta que me traten así. Además, no pido mucho. Ya he crecido, pero cada vez que les pido un favor o más privilegios, me siguen respondiendo que no".)

2. *Se puede guardar sus sentimientos y emociones*, aceptar lo que dicen los padres y no decir nada.

3. *Puede expresar indirectamente su desaprobación a través de maniobras pasivo-agresivas* (terquedad, oposición, quejas entre dientes; hace lo contrario de lo que se le dice, sale a comer igual con sus amigos, o cuando se va, deja la cocina hecha un desastre).

4. *Puede expresar su ira directamente a través de hechos verbales o físicos* (grita, insulta, maldice o trata de pegarle a la persona que percibe como causante de su ira).

5. *Puede desplazar sus sentimientos hacia una persona que represente una amenaza menor o hacia un objeto.* (Aunque el adolescente esté enojado con su madre, tal vez le pegue a su hermana, arroje algo, dé un portazo o golpee una pared.)

Como puede apreciarse, algunas formas de manejar los sentimientos agresivos, la ira y la desaprobación son inapropiadas y harán que el adolescente se meta en problemas, otras no lo son. A continuación se detallan estas cinco formas básicas.

**Expresar los sentimientos de manera adecuada.** El adolescente que está enojado o disgustado con alguien puede expresar sus sentimientos de una manera adecuada y adulta, no necesita gritar o ser sarcástico o insolente. Por ejemplo, si un chico siente que su padre le está siempre encima, criticándole o mostrándole todo lo que hace mal, le puede decir: "No me gusta que me grites cada vez que cometo un error, me hace sentir mal y hiere mis sentimientos. Nunca dices nada cuando hago algo bien, sólo te fijas en mis equivocaciones". En esta situación, el adolescente expresa sus sentimientos y no es insolente.

Deberíamos lograr que nuestro hijo comunique su desaprobación, resentimiento e ira. Si puede hacerlo sin gritar, sin ser insolente o grosero, deberíamos reforzar la comunicación y escucharlo. Algunos padres consideran que expresar los sentimientos de manera adecuada es una falta de respeto o una impertinencia, pero es un error.

El adolescente está gestando sus propias opiniones y actitudes, que pueden ser distintas de las nuestras, y sería bueno que escucháramos lo que le molesta, lo que lo hace feliz y lo que lo enoja. Esta forma de expresar la ira no presentará muchos problemas para la relación progenitor-hijo. Cuanto más fácil le resulte al adolescente decirle lo que le gusta y lo que no, más oportunidades tendrá usted de entenderlo y de llegar a un acuerdo.

**Represión.** Cuando algunos adolescentes se enojan o desaprueban algo, no dicen nada sino que guardan reserva y los demás no se dan cuenta de lo que sienten. En general, el resultado es la frustración y el aumento de la ira.

El resentimiento y la desaprobación emergerán de una forma u otra. El adolescente que no dice lo que siente y se retrae, seguramente expresará sus sentimientos de alguna otra manera (p. ej., dolores de cabeza o depresión) lo que le causará más problemas a sí mismo que a los demás. Sin embargo, este tipo de chico explotará fácilmente al enfrentarse con

**115**

frustraciones o desilusiones menores: cuando aparezca algún problema secundario, toda la ira y el resentimiento reprimidos saldrán a la luz. Un hecho aparentemente insignificante se transformará en "la gota que rebasa el vaso".

**Métodos pasivo-agresivos.** Las técnicas más usadas por los adolescentes son las formas indirectas o pasivas de expresar la ira, como la terquedad, la oposición, la resistencia, quejarse entre dientes, decir o hacer algo para que usted reaccione, contradecirlo, olvidarse de hacer cosas, posponer las tareas del hogar. Además, cuando intente darles un sermón, es posible que lo miren como si estuviera loco.

Suponga que lo primero que hace su jefe, cierta mañana, es hacerlo sentir mal. Le dice lo mal que usted trabaja, le grita y le avisa que es posible que lo despida debido a su ineficacia. Usted se enoja y se disgusta mucho con él, pero no le puede dar una trompada porque lo despediría y tampoco renunciar porque necesita el empleo. ¿Qué puede hacer? Decide disminuir su ritmo de trabajo y esforzarse menos, o tardar más cuando se toma un café o almuerza, u olvidarse de hacer un par de cosas que le pidió. Lo que sucedió es que para mostrar sus sentimientos, usted ha expresado su ira de manera pasiva.

A menudo, los adolescentes usan este método indirecto para manifestar su ira y la expresan en forma de rebelión, negativismo, haciendo lo opuesto a lo que se les dijo o comportándose de manera irritativa, al quedarse con la última palabra. Por ejemplo: le dice a su hijo que corte el césped antes de salir de su casa, pero él se olvida; están arreglándose para salir a comer y le recuerda a su hija que se vista bien, pero ella se pone unos vaqueros gastados y una remera con agujeros; sale de compras con su hija y usted dice que le encanta una determinada prenda, pero ella le responde que es horrible; le pide a su hijo que saque la basura y aunque él obedece, va mascullando algo que usted sabe que es desagradable, si bien no puede oírlo; su hijo está escuchando música a todo volumen y cuando le solicita que lo baje, lo sube aún más.

Es probable que si los adolescentes usan este método para mostrar su ira y su enojo, sufran problemas en la relación con los demás, en especial con quienes estén en una posición de supervisión o dirección sobre ellos (p. ej.: padres, maestros).

**Manifestaciones externas de los sentimientos.** Este método está relacionado con la agresión física o verbal: el adolescente que está enojado tal vez le conteste a los padres, les grite, los insulte o use la violencia física descargándola en golpes o peleas; tome represalias directas (verbales o físicas) ante la causa de su ira. Este método producirá problemas con los pares y en la relación con la autoridad.

**Desplazamientos.** A veces, cuando los adolescentes se enojan, no se enfrentan directamente con la causa de sus sentimientos ni los expresan de manera apropiada, sino que los desplazan hacia personas que implican una amenaza menor o hacia objetos. Por ejemplo: su jefe lo trata mal y usted se enoja con él, llega a casa y le grita a su esposa, su esposa les grita a los chicos, los chicos patean al perro, el perro persigue al gato. Estos sentimientos se transfieren a otra fuente. Otros ejemplos: una madre y un hijo se pelean y el adolescente se enoja mucho con su madre, pero no le dice nada y a los pocos minutos empieza a pelear con su hermano. Un profesor reprende a una adolescente y cuando ella vuelve del colegio, empieza a maltratar a la madre. Un chico al que han puesto en penitencia por ser insolente sale de su habitación como un torbellino, da portazos y patea los muebles.

# 22

# TECNICAS PARA EVITAR QUE AUMENTE LA IRA

Como ya se dijo en la Clave 21 todos los adolescentes se enojan, se rebelan y expresan sus sentimientos de alguna forma. Algunos de los métodos que utilizan para eso causan problemas y otros no.

La ira y la desaprobación se acumulan y luego se liberan mediante distintos métodos. Podemos ejemplificar esta situación mediante la imagen del "globo de ira": cada vez que sucede algo que no nos gusta, el globo comienza a inflarse, pero en algún momento hay que dejar que salga un poco de aire. Cada persona expresa su enojo de distinta forma: algunas dejan que la ira se acumule hasta que el globo revienta y, en general, esto sucede a través de una explosión de ira por algo sin importancia. Luego de esta demostración de ira, hay un período de control, hasta que el globo explota otra vez. Otras personas dejan que salga algo de aire cuando el globo se empieza a llenar; son las que expresan sus sentimientos de manera adecuada y en el momento oportuno. Otras dejan salir el aire a través de maniobras pasivo-agresivas, desplazamientos o quejas físicas.

Además de ayudar al adolescente a expresar y manejar su ira como corresponde, los padres deben tratar de que este sentimiento negativo no se acumule sino que se maneje la agresividad y la rebeldía en el momento oportuno. A continuación se describen algunas técnicas que pueden ser de mucha ayuda en estos casos.

**Aliente la comunicación adecuada.** La manera más eficaz de manejar la ira y la conducta rebelde es que los adolescentes nos cuenten lo que les molesta. Aliéntelos a que expresen y expliquen sus sentimientos negativos, las causas de su ira y sus opiniones, lo que los enoja, lo que no les gusta que hagamos, lo que desaprueban. Si un adolescente manifiesta sus sentimientos correctamente, no se lo debería considerar grosero o irrespetuoso: si lo hace en un tono de voz normal, los padres tendrían que escucharlo y tratar de entenderlo. Esta es la forma apropiada de expresar la ira, por lo tanto no corresponde reprenderlo ni castigarlo; mientras no sea sarcástico, insolente o hiriente, deje que se queje o que revele su desacuerdo. Pero también recuerde que permitirle a un chico que grite, maldiga o sea insolente no ayudará a que luego comunique sus emociones de manera eficaz.

**Escuche.** Si el adolescente se queja de que le imponen demasiadas restricciones, castigos u otras cosas que no le gustan, escúchelo y trate de entenderlo. Si las quejas son reales, vea si es factible solucionarlas o si se puede llegar a un acuerdo. Si desea más consejos sobre este tema, repase las Claves 18 y 19.

**Evite hacer demasiados comentarios negativos.** Es un error prestar más atención a lo que el chico hace mal (sus fallas, errores o faltas de conducta) que a lo que hace bien (sus logros, aciertos, buenas conductas). Cuando se vaya a dormir, piense en la relación que tuvo con su hijo durante el día: ¿Pasó la misma cantidad de tiempo observando su conducta positiva que observando su conducta inapropiada? En vez de usar el castigo como método principal de control, emplee consecuencias positivas, que ponen el acento en la buena conducta en lugar de ponerlo en la mala; elimine los castigos verbales (gritar, rebajar al chico, insultarlo, criticarlo demasiado) y utilice las recompensas como táctica disciplinaria; destaque los logros, los aciertos y la buena conducta; préstele más atención a la buena conducta normal y sea positivo.

119

Si fastidia al adolescente todo el tiempo, el resultado será el aumento de la ira, el resentimiento y la conducta agresiva. Para obtener más información sobre este tema, revea la Clave 15.

**Trate de no reaccionar ante la conducta pasivo-agresiva.** La oposición, terquedad, resistencia y otras maniobras pasivo-agresivas de los adolescentes aparecen en parte para expresar ira y/o para lograr una reacción de los padres. A menudo, la indiferencia es un modo eficaz de reducir esta conducta.

Algunos métodos para tratar esta conducta pasivo-agresiva darán como resultado el aumento de la ira, mientras que otros ayudarán a desinflar el globo. Por ejemplo: se le dice a una adolescente que ponga la mesa para la cena; mientras lo hace, habla entre dientes y de vez en cuando usted escucha comentarios como este: "Piensan que soy una esclava. Quiero vivir en lo de la abuela, donde sí me quieren". Mientras murmura, tira los cubos de hielo en los vasos y hace ruido con los platos y los cubiertos. Esta adolescente está irritada porque cree que tiene mejores cosas que hacer que poner la mesa. Sus quejas y el resto de su conducta son maniobras pasivo-agresivas para expresar su ira y resentimiento: estas conductas están liberando ira y dejando salir el aire del globo. Si usted reacciona ante sus quejas, criticando y reprimiendo, insuflará más aire al globo: la ira que al principio se liberaba con las quejas será balanceada por un aumento en los sentimientos agresivos. Si usa la consecuencia de la indiferencia, este aumento adicional de la ira se puede eliminar.

Al recurrir a esta consecuencia, hay varias cosas que se deben tener presentes. Existen muchos modos de ser indiferente. (Para obtener más información al respecto, vea las Claves 16 y 17.) En general, si le pide a un adolescente que haga algo y él obedece, aunque se queja todo el tiempo, ignore las quejas, ya que está haciendo lo que le pidió.

**Evite imponer disciplina al azar.** Con frecuencia, los padres aplican una medida disciplinaria luego de ocurrido el hecho. Esto es lo que yo llamo disciplina al azar: establecer la regla y esperar a que el chico la rompa para decidir cuál será la consecuencia. Para el adolescente, el concepto de imparcialidad es muy importante; si usted lo trata de esta manera, sentirá que es injusto con él. Además, la disciplina al azar hace que el chico piense que los demás son responsables de lo que le sucedió y es probable que esto aumente su ira. Debería explicar al mismo tiempo, las reglas y las consecuencias de las conductas. La parte más importante de este proceso no es la regla sino la consecuencia: el propio adolescente debe cargar con la responsabilidad de lo que le sucede. Si desea encontrar más técnicas sobre cómo evitar que aumente la ira causada por la disciplina al azar, repase la Clave 7.

**Evite las luchas de poder.** Usted le dice a su hijo adolescente que ordene su habitación y él se niega. Entonces lo amenaza: "Mejor que ordenes o el sábado no sales". El le contesta: "No me puedes obligar a ordenar y además, el sábado voy a salir igual". El dice algo, usted dice algo, ambos empiezan a gritar y de pronto están en medio de una lucha de poder: esta es una buena manera de generar ira en su hijo.

Cuando sea posible, evite las luchas de poder, que sólo llevan al aumento de la ira. A veces, es mejor que el chico sienta la consecuencia de su conducta en lugar de que usted gane la batalla y lo obligue a hacer lo que usted quiere. Si trata de ganar cada pelea, batallará con su hijo durante toda la adolescencia y probablemente termine perdiendo la guerra. Este concepto se detalla en la Clave 6.

**Busque la manera de llegar a un acuerdo.** En muchas situaciones, debería tratar al adolescente de la manera como trataría a uno de sus amigos o a otro adulto. En vez de comenzar una batalla para ver quién gana, sería mejor crear una situación en la que se llegue a un acuerdo. Si desea más información al respecto, vca la Clave 6.

**Provea los modelos apropiados.** Los chicos aprenden mucho de nuestra conducta, imitan la manera en que maneja-

121

mos los conflictos y los problemas: si yo expreso mi enojo gritando, arrojando objetos o pegando, es bastante probable que mis hijos manejen sus conflictos de manera similar. El viejo refrán: "Haz lo que yo digo pero no lo que yo hago" es un modo muy poco eficaz de tratar la conducta; por lo tanto, si observa conductas agresivas o rebeldes en su hijo adolescente, piense si usted, su pareja o un hermano mayor del chico no está sirviéndole como modelo. En caso de ser así, hay que eliminar la conducta del modelo antes de pretender que cambie la del adolescente.

Si en el hogar se discute mucho o los padres no se respetan, es posible que el adolescente adopte patrones similares de conducta: si usted le grita, él también lo hará.

Una madre me dijo: "Cada vez que le pego a mi hija, ella me pega a mí. ¿Qué debo hacer?". Le respondí: "No le pegue más". Cuando veo que un chico muestra conductas pasivo-agresivas, me interesa saber si el modelo de esta conducta está en el hogar. Si lo castigamos físicamente, le estamos enseñando a que maneje los conflictos a través de la fuerza o de conductas agresivas. Con las amenazas sucede lo mismo: "Te voy a obligar a que lo hagas  porque soy más grande que tú y te puedo controlar a través de la intimidación". Si lo tratamos de esta manera, es probable que la ira aumente y que indirectamente le estemos enseñando métodos agresivos e inapropiados para resolver sus conflictos.

Los padres que usan el castigo físico como método principal se olvidan de algo importante: los niños crecen y en general llegan a tener la misma fuerza que ellos. Un niño al que se castigó físicamente terminará siendo un adolescente que se pelea físicamente con sus padres.

Los padres deben observarse a sí mismos, a fin de asegurarse de que no son los modelos de la conducta que están tratando de eliminar en el hijo; un buen modo de enseñarles a los chicos a manejar y a expresar la ira es ser un modelo apropiado.

**¿Quién ejerce el control?** Cuando era un padre joven, la gente me decía: "Chicos pequeños, problemas pequeños. Chicos grandes, problemas grandes". En ese momento no lo entendía muy bien, pero ahora que soy padre de adolescentes, sé lo que eso significa.

Los niños consentidos, malcriados y que controlan a sus padres, están acostumbrados a que todo sea como ellos quieren; por lo tanto, tienden a ser mandones y egoístas, conductas que se intensifican durante la adolescencia. Si a un niño como este se le dice que no coma las galletitas, tal vez desafíe a los padres, vaya a la cocina y las coma; o si se le dice que no salte sobre el sillón, quizá no escuche y siga saltando. Cuando llegue a la adolescencia, se le dirá que esté en casa a la medianoche, pero volverá a las cuatro de la mañana; se le dirá que no beba alcohol si luego va a conducir, pero lo hará de todas maneras. Los pequeños problemas de los niños se agrandan en la adolescencia y, en general, las consecuencias son mucho más graves.

En algunas familias, los adolescentes están fuera de control, no aceptan un no ni se avienen a la autoridad parental; cuando estos chicos no se salen con la suya, el resultado es una conducta agresiva, rebelde y de oposición. Algunos han controlado a la familia desde que eran niños: decidían las rutinas y actividades del hogar más que los padres. Una niña de siete años tenía problemas en la escuela porque no trabajaba en clase, soñaba despierta y hacía lo que se le antojaba. Al hablar con los padres, descubrí que había el mismo problema en casa: la niña no cooperaba, en especial con las tareas de todos los días. Los padres también mencionaron que preguntaba constantemente por qué ella tenía que ir a la escuela si sus hermanos de tres y cuatro años no iban: no era justo que ellos se pudieran quedar en casa a jugar y mirar televisión. Todas las mañanas, antes de ir a la escuela, tenían una discusión como esta. A menudo pedía quedarse en casa y esto desencadenaba ciertos problemas. Para resolver el asunto, los padres mandaron a los hermanos al jardín de infantes, demostrando de esta manera que la niña tenía más control que ellos de lo que ocurría en el hogar. En vez de dejar que el niño se quede con la última palabra o de tratar de manipular el entorno para conformarlo o evitar problemas, sería mejor que aprenda que ciertas cosas debe hacerlas aunque no quiera.

Como ya dije, podemos controlar a los niños, pero con los adolescentes debemos ejercer nuestra autoridad, no aplicando la fuerza o medidas dictatoriales, sino estableciendo reglas y siendo congruentes al administrar las consecuencias. Si los padres pueden ejercer este tipo de autoridad, aumentará la probabilidad de que se desarrollen actitudes y conductas positivas.

Para el niño que ha tenido el control durante toda su vida es difícil renunciar a este poder en la etapa adolescente. Sin embargo, a causa de lo graves que pueden ser las consecuencias en este período, en general los padres tratan de ejercer más control, pero cuando el adolescente no se sale con la suya aparecen las batallas, los conflictos, la ira y el resentimiento. En las Claves 7 y 23 se encontrarán algunas técnicas para establecer reglas y consecuencias de manera que sea posible tener alguna autoridad sobre el adolescente.

**Estabilice el entorno.** El adolescente que experimenta un cambio en el entorno (en especial un divorcio, una separación o un nuevo casamiento) puede desarrollar una ira y un resentimiento que expresará de diferentes formas. Si el chico ha tenido algunos cambios, estabilice el entorno y ayúdelo a expresar sus sentimientos a través de métodos apropiados; si le plantea inquietudes con respecto al divorcio o al nuevo casamiento, charle con él.

**Evite imponer demasiadas restricciones.** Es posible que un chico al que se sobreprotege o bien se le imponen demasiadas restricciones y no se le permite ser como los demás adolescentes, desarrolle ira y resentimiento, pues quiere hacer lo mismo que los otros pero no lo dejan. A veces, debe observar el grupo de pares de su hijo para decidir qué es apropiado y qué no, y cuándo está imponiéndole demasiadas restricciones.

**No permita que la conducta se le vaya de las manos.** Una vez que el chico se acostumbra a mostrar constantemente una conducta agresiva, esta se vuelve difícil de manejar. En vez de esperar a que la conducta aparezca para empezar a tratarla, a veces es posible, y siempre es mejor prevenirla o detectarla desde temprano para que no se le vaya de las manos. En algunos adolescentes, la conducta agresiva se desarrolla gradualmente y por etapas: aparece una conducta inicial y luego se intensifica. Por ejemplo, el hermano insulta al adolescente, siguen algunos intercambios verbales, luego comienzan los empujones y terminan peleando. En vez de reaccionar cuando están peleando, sería mejor tratar de descubrir la conducta al comienzo e intervenir antes de que la situación se vaya de las manos. Detecte los insultos o la batalla verbal y trate de detenerla antes de que se transforme en una pelea.

Una madre le dice a su hijo de dieciséis años que ordene su habitación; cuando este le responde que no, la madre le contesta con una advertencia y luego con una amenaza. Más tarde empiezan la lucha y los gritos; el chico se va a su habitación, arroja algo y rompe la ventana. En lugar de centrarse en la conducta destructiva del chico, sería mejor detener la secuencia al comienzo.

# 23

# CONFIANZA
# Y RESPONSABILIDAD

Algunas de las quejas típicas del adolescente son:

- Me tratan como a un niño y no me dejan hacer nada de lo que hacen los demás.
- Tienen que saber todo lo que hago y cada lugar a donde voy.
- Tengo la edad suficiente para manejar, pero no me lo permiten.
- Siempre me persiguen con lo que hago en el colegio y con la tarea; ya soy bastante grande como para saber qué tengo que hacer.
- Quiero volver a casa más tarde, pero no me dejan.
- No veo por qué tienen que ponerme un límite para hablar por teléfono.

En general, estas declaraciones indican que el chico siente que sus padres lo restringen demasiado, lo tratan como a un niño o no le conceden los privilegios que tienen otros chicos de su edad. Una de las razones principales por la cual los padres no les permiten a los adolescentes hacer lo que quieren es que no los creen lo bastante responsables como para imponerles menos restricciones. Muchos padres dicen que a su hijo le falta autodisciplina o autocontrol y que no hace lo que debe. Estas son algunas de las quejas de los padres:

- Cuando no se sale con la suya, pierde los estribos, se disgusta y actúa como si tuviera cinco años. No puedo prestarle el auto, ¿qué pasaría si se enoja cuando está manejando?
- Nunca dice la verdad y jamás sé dónde está, ¿cómo puedo permitirle que vuelva más tarde?
- No puedo confiar en ella, me dice una cosa y luego hace

otra.

- Tiene catorce años pero todavía tengo que decirle que se cepille los dientes y fijarme si realmente lo hace, ¿cómo puedo tratarlo como a un adulto?
- Nunca ordena su habitación, tengo que forzarla a hacer las tareas de todos los días, ¿cuántas veces deberé repetirlo, hasta que las haga sin que yo le diga nada?
- Es muy irresponsable, le he dicho cien veces que cierre la puerta con llave cuando sale, pero muchas veces llego a casa y la puerta está abierta.

Los padres pierden la confianza cuando los chicos dicen una cosa y luego hacen otra. A la pregunta: "¿Cómo te va en el colegio?", es posible que Susie responda: "Bien", pero cuando llega el boletín, resulta que desaprobó tres materias. O tal vez Jason diga: "Me voy a la casa de Clark", pero cuando usted llama a la casa de Clark, la madre le dice que su hijo no estuvo por allí. O el sábado a la tarde, sus hijos salen y le dicen: "Nos vamos al cine", pero se van a otro lugar.

Cuando el adolescente miente, roba, manipula o actúa en forma irresponsable, aparece la falta de confianza. El adolescente muestra falta de responsabilidad o de disciplina si: no hace lo que debe, no se puede creer en lo que dice, no se puede confiar en él para que cumple con ciertas cosas, es olvidadizo o pierde sus pertenencias. Un adolescente puede rechazar todo aquello que no le causa placer y querer hacer la suya, tomar el camino más corto o hacer sólo lo suficiente como para pasarla bien. Algunos chicos no ven por qué deben hacer lo que no les gusta: si les pide que hagan algo que les gusta, se esforzarán un ciento por ciento, pero si les pide aquello que no quieren (aunque sea fácil o breve) nunca lo realizarán. A menudo les cuesta cumplir con las rutinas diarias del hogar o la clase, se las tiene que recordar constantemente o forzarlos a hacer lo que deben: les falta responsabilidad.

Para que los padres puedan confiar en el adolescente, este debe mostrar una conducta responsable. En general, un chico que se muestra responsable gana más libertad y más privilegios.

Existen varias formas de que los chicos adquieran conductas responsables:

**Genética.** Algunos chicos parecen haber nacido con responsabilidad, como si la hubieran adquirido por herencia: muestran conductas responsables desde una edad muy temprana y continúan así el resto de su vida. En general, de adolescentes cooperan mucho, hacen lo que se les dice e incluso algunas cosas antes de que se las encargue. Mantienen sus habitaciones arregladas, estudian y cumplen la tarea, guardan su ropa y ayudan en la casa. Es fácil tener confianza en estos chicos.

**Los "chicos de actitudes".** Algunos chicos pueden desarrollar conductas responsables si se les habla o se les inculca una actitud; desarrollan la actitud primero y luego adquieren la conducta deseada. Es posible inculcarles la actitud al darles información, explicarles cosas, razonar con ellos o hacerles ver la situación desde un punto de vista diferente. Le podemos decir al adolescente: "Si te lavas la cara varias veces al día, tendrás menos acné y por lo tanto no deberás ir al dermatólogo tan seguido" o "Si cuidas la ropa y la cuelgas en vez de tirarla al suelo, durará más y estará más linda". Luego de escuchar un par de veces estas razones, el adolescente accede al pedido. Estos son los que yo llamo los "chicos de actitudes".

Es como si primero se les encendiera la lamparita y luego apareciera la conducta: después de que al "chico de actitudes" se le explica la importancia de la buena educación y de hacer la tarea, se comporta de manera acorde y le va bien en el colegio. Los razonamientos, las explicaciones, los sermones y otras técnicas similares funcionan de maravillas con ellos. Basta con advertirles: "No toques la olla que está sobre la cocina porque está caliente y te quemarás". Estos chicos desarrollan conductas responsables con facilidad y no es difícil confiar en ellos.

**Los "chicos de conductas".** A algunos chicos hay que inculcarles *primero* la conducta para que luego aparezca la actitud. Se les podrá decir muchas veces que ordenen su habitación pero aun así la dejarán desordenada: los padres les podrán explicar sobre el costo de vida, la inflación o cuánto tuvieron que trabajar para comprar la ropa, pero las camperas, pantalones y camisas seguirán en el suelo. Estos adolescentes no desarrollan conductas responsables luego de tener una charla: para que aparezca la actitud, los padres deben inculcarle la conducta primero (p. ej., que tomen el hábito de hacer algo). Las charlas, los razonamientos, las explicaciones excesivas, los sermones, los gritos u otro tipo de interacción verbal no funcionan con estos adolescentes; desarrollan actitudes y conductas responsables sólo al sentir las consecuencias. Son los que yo llamo los "chicos de conductas".

Para este tipo de chico, lo que usted dice es más importante que lo que hace: le podrá explicar todas las razones por las que debe hacer la tarea, empeñarse en instruirse u ordenar su habitación, las entenderá y estará de acuerdo un noventa y nueve por ciento de las veces, pero la información o el sermón le entrarán por un oído y le saldrán por el otro, y luego hará lo que él quiera.

En los "chicos de actitudes", primero se enciende la lamparita (es decir, se establece la actitud) y luego aparece la conducta. En los "chicos de conductas", la lamparita se enciende, pero la luz es muy débil y sólo se intensifica cuando logramos que aparezca la conducta. En otras palabras, la actitud se desarrolla gradualmente a medida que la conducta se repite. Cuantas más veces se comporte de cierta manera y, en consecuencia, aparezcan las consecuencias negativas o las positivas, más rápido se desarrollará la actitud. Este chico tiene que sentir las consecuencias de su conducta: tiene que tocar la olla para aprender que las ollas calientes queman. Estará bien explicarle por qué necesita hacer la tarea u ordenar su habitación, pero lo más importante para él es qué le va a pasar si lo hace o si no lo hace. Luego de explicarle la importancia de la educación y la necesidad de hacer la tarea, el padre le puede decir: "Todas las noches me cuesta hacerte entender que hagas la tarea: no la haces, te quejas o la haces por la mitad. A partir de ahora, cada noche que hagas toda la tarea, cooperes y seas amable, podrás usar el videojuego, pero si me das trabajo no podrás".

Este tipo de adolescente no tiene autodisciplina, control interno o responsabilidad, por lo que es difícil confiar en él; necesita estructuras y controles externos que lo ayuden a desarrollar un control interno. Las conductas irresponsables se manifestarán con más asiduidad al dejarlo más tiempo solo: en un entorno sin estructuras, en el que tenga que depender de su control interno; en situaciones en las que las consecuencias de su conducta sean siempre las mismas (poder usar el videojuego aunque no haga la tarea) o en las que haya una falta general de límites.

# 24

# TECNICAS PARA DESARROLLAR LA CONFIANZA Y LA RESPONSABILIDAD

Muchos de los adolescentes que tienen problemas con la confianza y la responsabilidad son similares a los "chicos de conductas": para que aparezcan la autodisciplina y la actitud responsable, necesitan desarrollar primero la conducta deseada (ordenar la habitación, hacer la tarea, volver a su casa a horario). En otras palabras, los padres deben centrarse más en la conducta que en la actitud, ya que después de que aparezca la conducta, con suerte se establecerá gradualmente la actitud apropiada. Estas técnicas ayudarán al chico a adquirir autodisciplina y responsabilidad y a generar confianza.

**Defina la regla y la consecuencia.** Debe decirle al adolescente lo que espera de él, pero tenga en cuenta que las consecuencias de obedecer o no son más importantes que la regla. Explique las reglas y las consecuencias al mismo tiempo, ponga la responsabilidad sobre los hombros del adolescente: si le pasan cosas buenas, es su decisión, si le pasan cosas malas, también es su decisión.

Las reglas generales sobre cómo establecer reglas y consecuencias se detallan en la Clave 10. Le sugiero que revea esta Clave, ya que estas reglas son las técnicas principales que se utilizan para desarrollar conductas responsables.

Muchos padres, cuando tratan de desarrollar la responsabilidad en sus hijos se centran principalmente en asignar tareas diarias (cortar el césped, sacar la basura, darle de comer al perro). Este es un buen método, pero no el mejor. Las tareas llevan apareadas ciertas consecuencias: si un chico no saca la basura, no obtiene su dinero semanal. La razón por la cual se usan las tareas para desarrollar la responsabilidad es que luego de la conducta hay consecuencias predecibles. Por lo tanto, cuando esté tratando de inculcarle la responsabilidad o la autodisciplina a su hijo, debería explicar la regla y la consecuencia, antes de que él quebrante la regla; entonces, lo que le suceda al adolescente será responsabilidad suya y de nadie más. Con este método, se puede alentar la conducta responsable durante todo el día.

Al explicar las consecuencias con anterioridad, evitará usar la disciplina al azar y que el adolescente tenga la impresión de que los demás son los responsables de lo que le sucedió. Esto es muy importante, ya que si usted usa la disciplina al azar, el chico siente que lo tratan injustamente. Muchos padres son muy minuciosos y específicos al establecer las reglas: "Quiero que vuelvas a casa a la una de la mañana y no después", pero cometen el error de decidir la consecuencia *después* de que se rompió la regla. En estas circunstancias, el chico sentirá que lo han tratado de manera injusta. Si este es el método principal que se usa para tratar con un adolescente, difícilmente sienta que tiene control sobre lo que le sucede y asuma la responsabilidad por su conducta.

**Vincule todas las consecuencias con la conducta del chico.** Al principio, cuando esté tratando de desarrollar la responsabilidad en su hijo, será mejor que vincule la mayor cantidad de consecuencias posibles a su conducta, es decir, establezca una situación en la que el adolescente se gane sus recompensas y actividades placenteras, así como sus castigos y desilusiones. De este modo, no sólo aclarará las medidas disciplinarias antes de tiempo sino que también ligará todas las consecuencias a su conducta. Ponga las consecuencias, ya sean buenas o malas, en sus manos.

- Dígale al adolescente que ha estado hablando por teléfono todas las noches que, desde ahora, tendrá que ganarse este privilegio haciendo alguna tarea en la casa.
- Establezca una regla y una consecuencia para que su hijo no pueda usar más el auto durante el fin de semana, a menos que muestre ciertas conductas.
- Infórmele a su hija, quien solía recibir su dinero semanal sólo por respirar, que desde ahora tendrá que hacer ciertas cosas para obtener el dinero.

**Evite asumir la responsabilidad.** Usted no debe asumir la responsabilidad por el adolescente o por su conducta, hágalo responsable a él. Si cada noche lo obliga a hacer su tarea o la hace por él, la responsabilidad de terminar el trabajo será más suya que de él. Si le tiene que decir 47 veces a su hijo que saque la basura, usted asume más responsabilidad que él en esa tarea y, además, a la noche siguiente probablemente tenga que hacer lo mismo. Así, aunque el adolescente termine su trabajo, no desarrollará la responsabilidad o una conducta independiente, por lo que usted tendrá que funcionar como su motivador hasta que se case o se vaya de su casa.

Supongamos que cada mañana usted viene a mi casa, me despierta, me ayuda a vestirme y luego me lleva al trabajo. Yo estaría haciendo lo que me corresponde: ir a trabajar todos los días y llegar a horario. Pero, ¿qué sucedería si usted un día no viniera? Probablemente yo no iría a trabajar, ya que los hábitos anteriores lo hicieron responsable a usted por mi conducta. Lo mismo sucede cuando vigila a un adolescente y lo obliga a hacer las cosas: su responsabilidad para que se termine el trabajo es mayor que la del chico y él no desarrolla la suya. Por ejemplo: durante varios días una madre le dice a su hijo que ordene su habitación, finalmente ella se harta, lo arrastra a su cuarto y lo obliga a ordenarlo sin dejar de vigilarlo. Luego de un tiempo, la habitación está impecable, pero

¿quién es el responsable de ello? La madre. Un mejor método sería plantear las expectativas y consecuencias, con anterioridad. Ponga la responsabilidad sobre los hombros del adolescente y no lo obligue a hacer lo que le corresponde.

Lo mismo sucede cuando los padres le permiten al chico depender de ellos, ayudándolo demasiado o haciendo directamente las cosas por él. Esto incluye ordenar lo que él desordena, limpiarle la habitación, despertarlo para ir al colegio, encontrar lo que pierde. Si los padres actúan de esta manera, es difícil que el adolescente aprenda a ser responsable e independiente: es más fácil permitir que alguien haga las cosas por él. Evite que su hijo dependa de usted para hacer las tareas que físicamente él es capaz de hacer.

A los chicos malcriados que no necesitan hacer nada en la casa, que tienen más control del entorno que sus padres o se salen con la suya, también les es difícil desarrollar la responsabilidad. Lo mismo sucede cuando los padres interfieren en la vida del chico y lo protegen para que no sienta las consecuencias de su conducta. Si se pretende establecer la autodisciplina y la responsabilidad, este tipo de relación padre-hijo debe evitarse.

**Las consecuencias de las conductas positivas y negativas deberían ser diferentes.** Algunos adolescentes no desarrollan la responsabilidad, porque hagan o no lo que deben, siempre les sucede lo mismo. El adolescente piensa: "Podré salir el viernes a la noche aunque no ayude en casa" o "Podré usar el auto aunque no haga la tarea". Si alguien me dijera: "Puedes ir a trabajar o quedarte en casa, igual te pagaremos", me iría a pescar en lugar de ir a trabajar; de hecho, tendría que ser un estúpido para ir a trabajar. Lo mismo sucede con los chicos que piensan que si se meten en problemas podrán salir de la situación y no habrá consecuencias; por eso, usted debe imponer diferentes consecuencias si pretende que cambien de conducta o desarrollen una actitud responsable. En otras palabras, sucederán cosas muy distintas si el adolescente coopera en la casa o si no lo hace, de la misma manera que me pagarán si voy a trabajar, pero si no voy no recibiré nada. Asegúrese de que su hijo vea que diferentes conductas tendrán diferentes consecuencias.

**Gane la guerra y olvídese de las batallas.** A veces es mejor perder algunas batallas pero ganar la guerra. Lograr que el adolescente sienta las consecuencias de su conducta puede significar más para usted que una tarea terminada. Por ejemplo, usted dice: "No te podrás ir de casa hasta que no termines de limpiar la pecera", y él le responde: "No me importa, porque no iba a salir. Me voy a mirar televisión". Usted piensa: "¿Qué hago ahora?"; la respuesta es: "Nada", pero la regla sigue vigente. En este ejemplo, que la pecera esté limpia debería ser su cuarto propósito. El primero es que el adolescente se dé cuenta de que habrá dos consecuencias distintas según su conducta, una positiva y una negativa. El segundo es enseñarle que él es responsable de su conducta: "Una sola persona en el mundo puede decidir si saldrás dentro de dos minutos, dos horas, dos días o dos semanas: tú. Eres responsable de lo que te pase". El tercero es enseñarle: "Voy a hacer lo que tú me digas y a cumplir hasta el final con las consecuencias que tú mismo decidas. Lo que te suceda dependerá totalmente de ti. Si no limpias la pecera, quiere decir que no quieres salir de casa y voy a asegurarme de que eso suceda; si la limpias, quiere decir que quieres salir y lo respetaré".

A veces, los padres batallan continuamente con el adolescente: por la tarea, por limpiar el baño, por guardar la ropa, por ordenar. Tratan de ganar cada batalla obligando al chico, pero aunque lo logran, este no desarrolla conductas responsables o independientes. Su hija se niega a colaborar en la cocina y usted le dice: "Si no me ayudas, no podré ir a buscar a tu novio después del colegio y traerlo a casa, pero si me ayudas, podré". Tal vez su hija se niegue a ayudarla y decida no ver a su novio, y usted piense: "Yo perdí y ella ganó", pero es más importante que sienta las consecuencias de no ayudar y no que usted la obligue. Si esto sucede varias veces, ella estará más dispuesta cuando usted le diga: "¿Me ayudarías en la cocina?". En el caso de algunas conductas, puede no ser tan importante que el chico obedezca, ya que si hoy siente las consecuencias, mañana cooperará más. La mayoría de las veces, usted puede ovidarse de las batallas y centrarse en la guerra.

No comience una lucha de poder si el adolescente se niega a cooperar, ya que está tratando con un adulto joven y debe ejercer un tipo de control diferente que con un niño. Un padre le dice a su hijo que haga algo, él se niega, luego comienza una discusión que termina en una lucha de poder. Evite esta escena en lo posible y trate con calma a su hijo. En las Claves 6 y 22 se detalla cómo evitar las luchas de poder.

**Mantenga una actitud propia de un hombre de negocios.** Hay personas dispuestas a hacer cosas por usted, ya sea a raíz de la buena relación que mantienen o porque usted ha sido amable con ellas, mientras que otras verán esta muestra de buena voluntad como una señal de flaqueza que se puede explotar. Suponga que en el pasado usted me ha hecho diez favores y una mañana me pide que lo lleve a buscar su auto, que está en el taller. Yo estoy muy ocupado y realmente no tengo ganas de llevarlo, pero recuerdo su amabilidad y los diez favores, así que le digo: "Bueno, vamos. ¿Dónde hay que ir?". Otro tipo de personalidad puede pensar que "se ha aprovechado" de la persona diez veces en el pasado y le dice: "No lo puedo llevar porque estoy ocupado". A algunas personas las puede contratar para que pinten su casa y pagarles antes de que terminen el trabajo, con la seguridad de que lo terminarán, pero a otras nunca les pagaría con antelación, ya que de ese modo nunca lo terminarían. La mayoría de los contratos comerciales tienen reglas que hay que respetar para poder recibir las consecuencias; jamás le diga al adolescente: "Te voy a comprar una caña de pescar para que mejores en el colegio"; dígale: "Cuando mejores en el colegio te compraré una caña de pescar". Es necesario que las reglas o expectativas y las consecuencias queden claras con anterioridad y que las consecuencias aparezcan después de que se cumpla la expectativa, no antes; por ejemplo: "Prometiste cortar el césped esta tarde y recibirás tu dinero semanal luego de que lo cortes, no antes".

**Evite recurrir a consecuencias demasiado severas, duraderas o importantes.** Algunos adolescentes aprenden a ser responsables a través de la repetición de las consecuencias; para ellos, veinte consecuencias pequeñas son mejor que una grande: en lugar de prohibirles hablar por teléfono durante un mes, es mejor prohibírselo veinte veces por día. En general, las consecuencias severas, duraderas o importantes funcionan con los "chicos de actitudes"; por ejemplo, si a este tipo de chico se le prohíbe el teléfono durante un mes, cada tarde, cuando está en su habitación, piensa: "¡Qué tonto que fui! Ahora no puedo hablar con mis amigos por teléfono y estoy aburrido". Sus mecanismos mentales comienzan a funcionar y se pone a pensar en lo que hizo y en las consecuencias; el método puede ayudar a esta clase de chicos a cambiar su patrón de pensamiento o a desarrollar una nueva actitud. En cambio, los "chicos de conductas" extrañarán el teléfono uno o dos días, luego se adaptarán a la situación y no lo usarán, o bien recurrirán al teléfono público de la esquina.

Las consecuencias importantes, severas o duraderas no afectan a algunos adolescentes. No pasar de año o tener que tomar clases privadas en el verano no hará que su conducta cambie demasiado: aunque tenga que estudiar en el verano, evitará hacer la tarea cien veces durante el año. Esta gran consecuencia no hará que cambie su actitud con respecto a la tarea. Para este tipo de personalidad, es mejor que los padres hablen con el profesor cada semana, usen consecuencias positivas si el chico hace la tarea y trabaja en clase y consecuencias negativas si no lo hace. Recurrir a este método varias veces al año es más eficaz que imponer una consecuencia importante.

Un "chico de conductas" aprende a ser responsable a través de consecuencias que se repiten; por esa razón, cuantas más veces haga algo y luego suceda algo que le agrada o le desagrada, más rápido cambiará su conducta y desarrollará una nueva actitud.

Los grandes incentivos o recompensas que aparecen después de un largo tiempo tampoco funcionan con el "chico de conductas". Si su ritmo de trabajo está diminuyendo, tal vez usted le diga al comienzo del trimestre: "Si para las vacaciones tienes un promedio de 8, te llevaremos a Disney World" o "Si no te ponen amonestaciones en el resto del trimestre, tendrás la bicicleta que quieres". Al ofrecerle estos incentivos a largo plazo, trabajará como loco los primeros tres días, luego volverá a su conducta original o no mostrará ningún cambio, y empezará a estudiar durante las veinticuatro horas cuando falten apenas tres días para que le entreguen el boletín. Con este tipo de personalidad sería mejor usar objetivos a corto plazo, como por ejemplo, privilegios para el fin de semana, basados en cómo le fue en el colegio durante la semana. No obstante, si se decide por los objetivos a largo plazo, puede pedir al colegio un informe semanal y el chico deberá reunir puntos cada semana para llegar al objetivo final. En otras palabras, el adolescente que tenga problemas en el colegio puede recibir puntos cada semana por terminar la tarea, prestar atención en clase o mostrar buena conducta y si al final del período predeterminado sumó una cierta cantidad de puntos, puede ganarse las vacaciones, la bicicleta u otra recompensa que desee.

**Evite dictar sentencias.** "Vete a tu habitación", "No puedes ver televisión este fin de semana", "Por un mes no te permito hablar por teléfono", "Durante una semana tendrás que quedarte en casa al volver del colegio". Las sentencias como estas funcionan con algunos adolescentes, pero no con otros. Algunos adolescentes obedecen, mas luego vuelven a hacer lo mismo. Las sentencias se utilizan para que cambie una actitud o piense diferente, sin embargo, sólo funcionan con los "chicos de actitudes" y no con otros tipos de personalidad.

**138**

Algunos adolescentes funcionan mejor si se les fijan objetivos o se les dan incentivos. Si dicta sentencias, debe darles alguna esperanza, un modo de que puedan trabajar hacia un objetivo para que la sentencia quede sin efecto. Por ejemplo, en lugar de decir: "No podrás usar el teléfono durante un mes porque te está yendo mal en el colegio", sería mejor explicarle: "No se te permitirá usar el teléfono durante un mes porque te está yendo mal en el colegio, pero podrás hablar cada noche que hagas la tarea y no me des problemas". Si sólo dicta una sentencia, algunos adolescentes seguramente obedecerán y no hablarán por teléfono, de todos modos, su actitud hacia la tarea o el colegio no mejorará. Sin embargo, si al dictar la sentencia permite vislumbrar alguna esperanza (de que la sentencia no se cumpla), tal vez logre una actitud mejor.

**Evite las explicaciones, sermones y razonamientos excesivos.** Los adolescentes esperan los sermones con tanta ansiedad como nosotros esperamos un ataque al corazón; sin embargo, muchos padres hablan, explican, razonan y sermonean demasiado. A algunos chicos este método no los ayuda a entender mejor la situación ni a ser más responsables; otros ni siquiera aceptan que les expliquen por qué deben hacer algo, no les satisface una explicación ni quinientas, lo único que los pone contentos es que les digan lo que quieren escuchar. Es posible que un adolescente que tiene un examen de historia pregunte: "¿Por qué tengo que estudiar historia? Nunca me servirá, es aburrida". Luego de ofrecerle varias razones lógicas sobre por qué la historia es importante, él sigue protestando; lo único que lo hará feliz será que usted le diga: "Tienes razón, la historia es aburrida. No estudies para el examen". Sin embargo, no puede responder así; a veces, la única razón es: "Porque yo lo digo".

**Muéstrese responsable.** Los padres somos modelos muy importantes para los chicos, ya que al ver cómo resolvemos los problemas, manejamos ciertas situaciones o nos relacionamos con la gente, aprenden las conductas buenas y malas.

Si su hijo lo ve actuando de una manera irresponsable o mostrando una falta de control interno, es muy probable que aprenda este tipo de conducta; por lo tanto, muéstrese responsable.

**Asigne tareas.** La mayoría de los padres piensan que hacer las tareas de la casa constituye una parte importante en el desarrollo de la responsabilidad. Como ya mencionamos, las tareas son una manera de desarrollar la conducta responsable; el solo hecho de darle al adolescente una tarea no hará que este sea responsable, pero sí ayudará. Al asignar las tareas, no sólo debe plantear la expectativa sino también las consecuencias. Para ello existen varias maneras.

El dinero de la semana puede corresponder a alguna tarea u obligación: el adolescente recibe cierta cantidad de dinero si limpia el cajón de aserrín del gato y lava los platos cuatro veces por semana. Cada vez que lo hace sin que se le diga, gana una parte adicional de su cuota y si no lo hace, pierde una parte. Por consiguiente, es por completo responsable de recibir o no la totalidad del dinero al finalizar la semana.

La obligación de otro adolescente es guardar la ropa que está sobre la silla. La regla puede ser: "No te lavaré más la ropa hasta que toda la que está sobre la silla esté guardada".

La obligación de un tercer adolescente es darle de comer al perro, pero nunca lo hace sin que se lo digan. La madre puede conminarlo así: "No cenas hasta que no le des de comer al perro". La consecuencia natural de no ser responsable es que la cena se demora y él tendrá hambre.

A un chico se le puede decir: "Si al mediodía el baño está limpio, te llevaré a casa de tu amigo, de lo contrario lo tendré que limpiar yo. Ya que eso me dará más trabajo y me ocupará más tiempo, no te podré llevar; por lo tanto, tendrás que ir caminando".

El uso de las consecuencias lógicas o naturales se puede centrar en las tareas. La madre le puede decir a un chico:

"Esta es nuestra casa y todos somos responsables. Tu padre tiene ciertas responsabilidades, tu hermana hace ciertas tareas, yo hago muchas cosas para que la casa funcione y tú también tienes obligaciones. Si no haces lo que te corresponde, eso quiere decir que lo tendrá que hacer otro; cuando esto sucede, la otra persona usa su tiempo y su energía para llevar a cabo lo que debiste hacer tú, por lo tanto tendrá menos tiempo y energía para hacer cosas que te beneficien". Es decir, si el adolescente no cumple con sus obligaciones en la casa para ayudar a los demás, el resto de la familia no hará cosas que lo favorezcan a él.

Las tareas pueden ayudar al desarrollo de la autodisciplina y la responsabilidad, pero también le pueden enseñar al adolescente a manipular a sus padres si no vigilan regularmente su conducta. Supongamos que la tarea del chico es ordenar su cuarto antes de salir el sábado, y aunque no siempre lo hace, igual le permiten salir. Si esto sucede, los padres están animando al chico a que se comporte de manera inapropiada y sea irresponsable.

Al asignar tareas, usted debe ser muy específico y definir exactamente a qué se refiere con un baño limpio o una cocina ordenada, ya que es probable que la definición de su hijo sea diferente de la suya. También debe especificar con anterioridad, las consecuencias de la conducta. Para obtener más información sobre este tema, vea la Clave 9.

Una vez que reglas y consecuencias se plantearon con claridad, si su hijo no las cumple usted debe mantener la calma. Por ejemplo, usted le dice: "Tienes que sacar la basura todos los días antes de las siete; si no lo haces, la sacaré yo, pero ese día no recibirás tu parte del dinero semanal". Si su hijo no hace lo que le corresponde, en lugar de estarle encima, recordarle, sermonearlo o gritarle, cumpla la consecuencia pautada.

**Distribuya equitativamente las tareas entre los hermanos.** Si hay varios chicos en la casa, déjelos que decidan qué valor tiene cada tarea; esto evitará discusiones basadas en que: "Yo trabajo más que mi hermano" o "Mi hermana tiene una tarea más fácil". Por ejemplo, los chicos pueden decidir que darle de comer al perro, guardar los platos, etc. vale 1 punto; levantar la mesa, barrer la cocina y actividades similares valen 2 puntos; pasar la aspiradora, guardar la ropa y otras tareas semejantes valen 3 puntos; limpiar el baño vale 4 puntos. Al asignar diferentes valores a las actividades, sentirán que el sistema es justo y que no trabajan más que sus hermanos. Si un chico limpia el baño, que vale 4 puntos, otro chico tendrá que hacer cuatro tareas de 1 punto cada una. Otro modo de crear una situación justa entre los hermanos cuando de tareas se trata es variar las actividades. Podría poner el nombre del chico en un calendario en el día que debe hacer cierta tarea: si tiene dos chicos, Jason y Alan, y una de las tareas es darle de comer al perro, puede alternar las iniciales J y A en el calendario; al llegar la hora de darle de comer al perro, todo lo que tiene que hacer es fijarse en el calendario. Con este método, uno de los chicos no sentirá que trabajó diez veces más que su hermano.

Cuando establezca métodos para compartir las tareas con el resto de la familia, establezca un día, hora y lugar para que todos opinen sobre cómo está funcionando.

**Asígneles a sus hijos una suma periódica de dinero.** En varias ocasiones, cuando hablo con los padres sobre la responsabilidad y las tareas, aparece el tema del dinero. La idea es que el dinero se asigne periódicamente (por semana, quincena o mes) y que lo reciban por ayudar en las tareas de la casa, no sólo por respirar. Le sugiero que si lo impone, el sistema debe basarse en algún tipo de trabajo o conducta; no es necesario que sea un gran trabajo, pero realizar alguno es condición para recibir el dinero. Este sistema se puede usar para ayudar a los chicos a que desarrollen la responsabilidad o para enseñarles el valor del dinero, pero hay muchas cosas que han de tenerse presentes al implementarlo.

Como ya mencionamos, la gama de incentivos y recompensas disminuye en gran medida cuando los chicos crecen; para el adolescente, la gama es reducida y a menudo está relacionada con el dinero, directa o indirectamente. Por lo tanto, al decidir si debería usar el dinero para recompensar determinada tarea o si un cierto nivel de cooperación o una cierta conducta es una condición preferible, la primera pregunta que hay que formularse es: "¿Cuánta importancia le da el chico al dinero?". Algunos profesionales piensan que los chicos no deberían recibir dinero por comportarse de determinada manera, mientras que otros piensan que está bien; además, algunas personas creen que no se debería pagar a los chicos por cumplir con sus obligaciones. Muchos de los conceptos relacionados con este tema aparecen en las Claves 11 y 12. Yo creo que el dinero se puede usar como recompensa o incentivo, pero el sistema de las asignaciones sólo es apropiado si el adolescente valora o necesita el dinero. Algunos padres me cuentan que implementaron este sistema y que no funcionó. A veces sucede que al adolescente no le importa el dinero y le da lo mismo un dólar que mil.

Otro factor para tener presente al implementar el sistema es: "¿El adolescente necesita el dinero?". Le dice al chico que recibirá $5 por semana si saca la basura y pasea al perro, él no lo hace y por lo tanto no recibe el dinero; pero cada vez que están en el supermercado y le pide una gaseosa usted se la compra, cuando están en el paseo de compras y él quiere jugar a los videojuegos, usted acepta y los sábados le entrega dinero para que vaya al cine. ¿Para qué necesita el chico su propio dinero? En realidad, no lo necesita, ya que tiene todo lo que quiere; haga o no las tareas, igual lo obtiene. Una madre me contó que, durante el verano, puso en práctica el sistema con su hija, respecto de algunas tareas de la casa: la primera semana el sistema funcionó a las mil maravillas, pero luego dejó de funcionar. Cuando le pregunté a la adolescente por qué no hacía las tareas, me dijo que cada vez que necesitaba dinero, iba a la casa de los abuelos, que viven al lado de la suya, y ellos se lo daban. Si va a usar el sistema, primero debe agotar todas las otras fuentes de ingresos, a fin de que aparezca la necesidad.

Otro método para que el sistema de asignaciones dé resultado es especificar qué actividades no le pagará o qué artículos no le comprará. Usted le dice a su hijo que recibirá determinada cantidad de dinero por semana por hacer ciertas tareas y él tiene que usarlo para salir los fines de semana, para cargar gasolina, jugar a los videos o cualquier otra cosa que desee, ya que usted no le pagará estas actividades o artículos. Si estos son importantes, el chico necesitará de su asignación para pagárselos él mismo.

La cantidad de dinero que el chico recibe está basada en dos factores generales: la situación económica de los padres y las necesidades del adolescente. Sin embargo, hay que tener presente que si le da demasiado dinero, el chico puede acumularlo y cuando tiene lo suficiente, no trabaja más, porque la necesidad ya no existe; así se anula el propósito del sistema. Usted debe evaluar las necesidades del adolescente y decidir cuánto dinero necesita. Por supuesto, un adolescente más chico necesita menos dinero que uno más grande. Lo que usted espera que el chico haga con el dinero debe ser realista; por ejemplo, es muy difícil que un chico de quince años que recibe $10 por semana pueda pagar su almuerzo en el colegio y aun así tener para ir al cine los fines de semana. Es posible que algunos padres no hayan ido al cine últimamente y no sepan cuánto cuesta la entrada, más alguna golosina y una gaseosa; entérese de su valor actual, evalúe las necesidades del adolescente y qué le implica satisfacerlas.

Asegúrese de que tanto usted como su hijo tengan la misma idea sobre las expectativas y las consecuencias.

Si el adolescente no se gana su asignación, no la debe recibir; si la gana, asegúrese de que la reciba. Sea congruente con el pago del dinero; si no lo es, el adolescente puede manipularlo o no terminar la tarea, la motivación disminuirá y su conducta se verá afectada. Si hace las tareas asignadas, debería recibir el dinero periódicamente; además, si se ganó el dinero, nunca debería quitarle una parte o todo, ya que esto también reducirá la eficacia del sistema. Por ejemplo, un chico se ganó el dinero ayudando en la casa, pero el viernes, cuando se supone que lo va a recibir, vuelve del colegio con una amonestación y por eso no le dan lo prometido. Como resultado, cuando la semana siguiente se lo trate de motivar con las tareas, probablemente no obedezca.

El chico debe recibir el dinero que ganó, pero sea coherente y no le dé dinero a su hijo si no se lo merece.

# 25

# COMO RECUPERAR LA CONFIANZA

La falta de confianza aparece cuando un chico miente, es irresponsable o manipulador o si cuando, en general, no se le puede creer. Sin embargo, si no le da la oportunidad de que vuelva a ganar su confianza, es probable que no la recupere en toda su vida. Por lo tanto, cuando se ha perdido algo tan importante en la relación padre-hijo, hay que hacer varias cosas para recuperarlo, y en parte eso se logra observando conductas responsables del adolescente.

Una vez que los padres perdieron la confianza en su hijo, existen tres componentes que ayudarán a recobrarla. He aquí un ejemplo que uso a menudo con los adolescentes:

Supongamos que tú y tu amigo Jeff se ven todos los días: van al colegio juntos o viven en el mismo barrio. Por lo menos una vez por día Jeff te pide un préstamo de cinco, diez o veinticinco centavos y promete que te los devolverá al día siguiente, pero no lo hace. Pasan seis meses y tu amigo no te ha devuelto ni un centavo. Un día Jeff te dice: "Préstame cien dólares y te los devolveré mañana". Luego le pregunto al adolescente: "¿Qué le dirás a Jeff?". La mayoría me dice: "No le prestaré el dinero". Cuando pregunto por qué, la respuesta más común es: "Porque no me lo va a devolver". Cuando pregunto: "¿Por qué piensas eso?", generalmente me contestan: "No confío en él, dice una cosa y hace otra". Y luego les doy ejemplos de lo que ellos hacen en su casa y trato de explicarles que esta es la misma razón por la cual los padres no confían en ellos o cuestionan lo que ellos dicen.

Para recuperar la confianza deben suceder tres cosas:

Primero, el adolescente debe darse cuenta de que no es lógico que le pida a los padres cosas o privilegios grandes o poco razonables, como por ejemplo mil dólares. Tiene que comenzar por privilegios pequeños para recuperar la confianza.

Segundo, los padres deben empezar a otorgarle pequeños privilegios. Si no le prestan dinero o no le dan un margen y ciertos privilegios, no tendrá oportunidad de recuperar la confianza.

Tercero, el adolescente le debe decir a los padres algo como: "Te devolveré el dinero y lo pondré en tu alhajero". Para que los padres confíen, el adolescente debe devolver el dinero y, ante todo, los padres deben fijarse que lo haya hecho. Por lo tanto, en el tercer paso el chico tiene que hacer lo que dijo y los padres, cerciorarse de que haya cumplido.

Siempre les digo a los adolescentes que sé que manipulan a los padres, les mienten o no les dicen toda la verdad, pero cuando están tratando de recuperar la confianza, deben cumplir lo que dicen. De esta manera, volverán a confiar en ellos y les darán más privilegios. Si un adolescente se queja: "No confías en mí, nunca me crees. ¿Por qué me vigilas? ¿Por qué llamas a la madre de Robbie para ver si estoy allí? ¿Por qué hablas con los profesores para ver si me porto bien en clase cuando yo te digo que me va bien?", yo les sugiero a los padres que le contesten: "Si no te vigilara para ver si has hecho lo que dijiste, no podría confiar en ti". Es decir: la razón por la cual te estoy vigilando es para recuperar la confianza. Si no me cercioro de que hayas ido a la casa de Robbie no podría saber si me has dicho la verdad y no podría creerte. Si llamo y estás allí, podré volver a confiar en ti.

Si usted usa este método, será total responsabilidad del adolescente recuperar sus privilegios y libertades. Si su conducta indica que se puede confiar en él, se los puede devolver; pero si no disminuye su falta de confianza, no le podrá dar más privilegios y libertades. De hecho, si su conducta indica que todavía es lícito desconfiar de él, tal vez haya que imponer más restricciones. Los padres deberían poner toda la responsabilidad en los hombros del adolescente, para que la confianza que inspire esté totalmente basada en su conducta y en su sentido de responsabilidad.

# 26

PUNTOS PARA TENER
PRESENTES SOBRE
LA CONFIANZA Y LA
RESPONSABILIDAD

1. Aunque la comunicación entre padres e hijos adolescentes
   es muy importante, los chicos no necesariamente deben
   desarrollar actitudes y conductas responsables como resultado de una conversación o una discusión. A algunos
   adolescentes hay que ayudarlos a establecer la conducta
   (el hábito de hacer algo) y luego aparecerá la actitud.

2. Evite el exceso de sermones, discusiones, gritos y otras
   interacciones verbales negativas.

3. Establezca la regla y la consecuencia de la conducta, con
   anterioridad. Con esto, usted pone la responsabilidad de su
   conducta sobre los hombros del adolescente. Si le suceden
   cosas desagradables, es su culpa; si le suceden cosas buenas,
   es su responsabilidad. Asegúrese de establecer la regla y la
   consecuencia al mismo tiempo; evite la disciplina al azar así
   como el determinar la consecuencia después de que se rompió la regla. Vincule la consecuencia directamente a la conducta del adolescente y hágalo responsable de las recompensas y castigos que reciba. Evite que las cosas aparezcan de la nada: no imponga castigos u otorgue recompensas
   que no tengan nada que ver con la conducta del adolescente.

4. Trate de no incurrir en luchas de poder y de obligar al adolescente a que haga ciertas tareas. Si batalla con él para

que obedezca, la responsabilidad de que la tarea se termine será suya y no de su hijo.

5. Pierda algunas batallas pero gane la guerra. Al comienzo, lo importante para desarrollar la responsabilidad tal vez no sea terminar la tarea sino que el adolescente experimente las consecuencias de su conducta y se sienta responsable por lo que le sucede. En algunos casos, lograr que el chico termine la tarea puede ser lo último que les interese a los padres; lo primero es que el adolescente se dé cuenta de que habrá diferentes consecuencias para cada conducta; lo segundo es enseñarle que es responsable de lo que le sucede; lo tercero es que sepa que usted cumplirá lo que él decida, hasta las últimas consecuencias; y lo último es terminar la tarea. Repito: Que el adolescente termine la tarea no es tan importante como que se sienta responsable de lo que le sucede.

6. Si usted plantea las expectativas y las consecuencias con claridad y el adolescente toma una decisión que da como resultado una consecuencia negativa, él tal vez trate de culpar a los demás. Por ejemplo: "Por tu culpa no pude sacar la licencia de conductor" o "Me estás haciendo perder el baile del viernes". Si su hijo usa esta táctica, sólo dígale: "Fue tu decisión, tu responsabilidad. Sabías lo que iba a suceder antes de que lo hicieras. Yo sólo estoy llevando a cabo lo que tú has decidido".

7. Evite las consecuencias importantes, prolongadas y severas. En lugar de imponer una consecuencia importante, sería mejor que el adolescente experimentara veinte consecuencias pequeñas.

8. Por lo general, cumplir todas las necesidades y deseos del adolescente, darle todo lo que quiere, dejarlo que se salga con la suya, malcriarlo y protegerlo para que no sufra los efectos de su conducta interferirá en el desarrollo de la responsabilidad.

9. No permita que el adolescente dependa demasiado de usted y no asuma la responsabilidad por su conducta. Este tipo de relación padre-hijo hace que a los chicos les resulte difícil aprender a ser independientes y responsables.

10. El adolescente no desarrollará la responsabilidad por el solo hecho de tener tareas y obligaciones en la casa, pero estas ayudarán.

11. Si su hijo se comportó de alguna manera que le hizo perder la confianza, en algún momento debe darle la oportunidad para recuperarla, devolviéndole algunos privilegios y un poco de libertad. Pero luego el adolescente deberá cumplir lo que dice, para que usted pueda volver a confiar en él. Es probable que a veces deba vigilarlo, lo cual no significa que desconfía, sino que está haciendo algo para poder tenerle confianza otra vez.

# 27

## EL TELEFONO: ¿PROBLEMA O INCENTIVO?

Algunas de las actividades más comunes en la vida de los adolescentes son (1) pasar tiempo en su habitación, (2) estar con los amigos o "salir" y (3) hablar por teléfono.

Hablar por teléfono es parte del ritual adolescente. Si su hijo adolescente no habla por teléfono una cantidad de tiempo considerable, es una excepción a la regla.

**Problemas que se suscitan.** Los problemas que surgen en la familia, a causa del teléfono, provienen de distintas áreas:

Primero, no se terminan las actividades requeridas. Como el adolescente pasa tanto tiempo hablando por teléfono, no tiene oportunidad de hacer la tarea escolar, ordenar su habitación, poner la mesa, ayudar a lavar los platos y otras tareas de rutina. Por consiguiente, al no concluir las obligaciones requeridas, surgen los conflictos.

Otro problema surge porque el adolescente está totalmente absorto en la charla y se abstrae del mundo que lo rodea. Suponga que usted ha estado limpiando la casa durante dos horas y en todo ese tiempo su hija se lo pasó remoloneando en la cama, hablando por teléfono. ¿No debería ayudarla a usted en lugar de hablar por teléfono?

La tercera área que causa problemas es que el adolescente habla demasiado tiempo por teléfono en el momento inoportuno. Por consiguiente, usted nunca puede usarlo cuando él está en casa; por lo tanto sus amigos le dicen que cada vez que tratan de llamarlo, la línea está ocupada.

Los problemas que surgen del uso del teléfono son, ante todo, el resultado de una falta de estructura: una falta de reglas que fijen cuándo, cuánto y en qué circunstancias el chico puede utilizarlo. Para minimizar las dificultades que aparecerán con respecto al uso del teléfono, los padres deben establecer algunas reglas y cumplirlas.

**Cómo establecer reglas y consecuencias.** Hablar por teléfono es algo normal en la adolescencia y a los chicos se les debe permitir hacerlo, no sólo por tratarse de una conducta típica sino porque los ayuda a socializarse, a desarrollar amistades y a comunicarse e interactuar. Sin embargo, a menos que se planteen reglas y consecuencias específicas con respecto a esta actividad, seguramente surgirán problemas. En las Claves 8 y 9 encontrará algunas ideas generales sobre cómo establecer reglas y consecuencias para el uso del teléfono.

Sólo porque un chico tiene acceso al teléfono no significa que lo puede utilizar sin límites, de la misma manera en que tener licencia de conductor no significa que puede hacer uso del auto cuando quiere. La gama de cosas que sirven como recompensas, motivaciones o incentivos disminuye drásticamente en la adolescencia. Usted puede usar el teléfono como motivación para que su hijo ayude más y muestre conductas más apropiadas y/o responsables. Repasaremos las Claves que tienen que ver con establecer reglas y consecuencias, ya que estas nos darán un par de ideas generales respecto de cómo lograrlo. He aquí algunos ejemplos.

*Las consecuencias naturales.* "Yo te pido que cooperes conmigo y dejes de irritar a tu hermana; tú me pides que coopere contigo y te permita usar el teléfono. Si cooperas conmigo, cooperaré contigo: cuando no lo hagas, no podrás hablar por teléfono".

Si un chico tiene teléfono en su habitación o su propia línea, usted puede decidir que "pague" por este privilegio. No es necesario que le pague con dinero, tal vez tenga que "ganarlo" haciendo las tareas de la casa, hablándole con amabilidad a sus hermanos, colaborando, etc. Podrá emplear la cantidad de dinero que gane para pagar el teléfono por día o por mes. La consecuencia natural de no pagar el servicio será que lo desconecten.

Al adolescente que le va mal en el colegio porque no se esfuerza o no hace la tarea, le puede decir: "Tu tarea es ir al colegio y hacer lo que te piden [hacer la tarea, trabajar en clase, prestar atención, portarte bien]. Si cumples, puedes hablar por teléfono, de lo contrario, no podrás". Usted también puede pedir al colegio un informe semanal sobre las conductas mencionadas.

*La regla de la abuela.* "Sólo podrás hablar por teléfono una vez que hayas terminado tus tareas escolares". Si un chico tiene problemas con una materia en particular, en vez de pelear con él o estarle encima todas las noches, usted debería ayudarlo a repasar o a estudiar. Le puede decir: "Cada noche que me muestres tu tarea y la repasemos antes de las siete de la tarde, podrás hablar por teléfono; en caso contrario, no te lo permitiré".

"Todos los días, cuando vuelves del colegio, tienes cuatro obligaciones que cumplir en la casa; por cada una que termines antes de las ocho, tendrás 15 minutos más para hablar por teléfono. Poder hablar cada noche durante una hora depende de ti".

El objetivo de estos ejemplos es hacer que su hijo "gane" tiempo para hablar por teléfono. Si lo usa como incentivo, podrá modificar una conducta o mejorar otra. Si piensa poner un teléfono o una línea nueva en la habitación de su hijo, puede usar eso como consecuencia y hacer que se gane este privilegio gracias a un cambio en su conducta/actitud.

# 28

# LA LICENCIA DE CONDUCTOR Y EL USO DEL AUTO DE LA FAMILIA

- ¿A qué edad debe sacar un adolescente su licencia de conductor?
- ¿Cuándo le debo permitir que use solo el auto?
- ¿Con cuánta frecuencia debe conducir mi hijo?
- ¿Mi hija debe empezar a manejar a los dieciséis, diecisiete o dieciocho?

Estas son preguntas que los padres de adolescentes se hacen con frecuencia. Es difícil dar una respuesta específica: cada chico es diferente, por lo que los padres deberán pensar en lo que le permitirán a cada uno por separado. Además de la edad, otros factores deben tenerse en cuenta para tomar la decisión de cuándo se podrá manejar.

Las razones más importantes por las cuales los padres no quieren que sus hijos comiencen a manejar se centran en dos áreas: la inmadurez y la irresponsabilidad.

- Todavía se comporta como una niña, ¿cómo le puedo permitir que maneje?
- No acepta un no; cuando no se sale con la suya, le da un ataque.
- Tiene tan mal carácter que tengo miedo de dejarlo manejar; no sé qué sucedería si se enoja cuando está en el auto.
- No hace lo que debe con respecto al colegio, por eso no confío en que hará lo que debe cuando maneje.

- ¿Por qué le debería permitir el privilegio de manejar si no ayuda en casa y tengo que pelearme con ella para que ordene su ropa o limpie la cocina después de que come?

En general, estos padres dicen que el adolescente todavía se comporta como un niño o que no muestra el nivel de responsabilidad que debería tener a su edad.

**Otros factores, no la edad, determinan el estar listos para manejar.** La madurez y la responsabilidad no son conductas que se adquieren en un determinado momento; un chico no madura a los dieciséis, dieciocho o veintiuno, ni adquiere la responsabilidad apropiada, a una cierta edad: estas conductas se adquieren a través del aprendizaje. Si su hijo no muestra un nivel apropiado de responsabilidad o madurez para su edad, no lo ha aprendido.

**Madurez.** En general, ser maduro significa comportarse o tener habilidades apropiadas para la edad. Hay cinco áreas generales de madurez.

- *Física.* Esta área se refiere al desarrollo de las habilidades físicas. Por ejemplo, un chico tiene diez años pero muestra la motricidad fina de uno de siete. Por lo tanto, tal vez tenga algunos problemas al escribir o al manejar el lápiz para hacer las actividades propias de quinto grado. La inmadurez física también puede estar conectada con la motricidad gruesa u otras características físicas.
- *Escolar.* Esta se refiere al desarrollo de las habilidades necesarias en el entorno escolar: un chico está en quinto grado pero tiene un nivel de lectura correspondiente a tercer grado. La falta de madurez escolar puede estar relacionada con una deficiencia intelectual (p. ej., el chico que aprende con lentitud).
- *Social.* Tiene que ver con el desarrollo de las habilidades propias de la edad, necesarias para relacionarse con otros chicos. Por ejemplo, un chico tiene quince años pero su desarrollo social es similar al de un niño de diez.
- *Emocional.* Está relacionada con las reacciones emocio-

nales a ciertas situaciones: un chico de trece años todavía tiene berrinches; uno de doce se queja cuando no se sale con la suya; el de trece llora cuando se enfrenta con un problema. Estas reacciones no son congruentes con su edad, sino que son similares a las de un niño.

• *Conductal.* Se vincula con factores de la conducta, tales como la responsabilidad, los períodos de atención, la concentración. Por ejemplo, un chico tiene quince años, pero sus padres todavía pelean con él para que haga la tarea escolar.

Los niveles de madurez relacionados con manejar bien incluye las dos últimas áreas: la emocional y la conductal.

**La responsabilidad.** Tener responsabilidad generalmente significa hacer lo que debes por el solo hecho de que te corresponde hacerlo, no porque quieres; por ejemplo, ciertas obligaciones, tareas de la casa y demás. En la adolescencia puede incluir el cumplimiento de las tareas escolares, no ser desordenado, mantener limpia la habitación, llegar a casa a horario y otras conductas similares. En la Clave 24 se detalla cómo desarrollar la responsabilidad, por lo cual sugiero repasar esta Clave antes de proseguir.

**Cómo ayudar al adolescente para que desarrolle la conducta apropiada.** Si tiene un hijo adolescente cuya actitud emocional y conducta no están en un nivel que le permita a usted confiar en él y dejarlo sacar la licencia de conductor o usar el auto, hay varias cosas que se pueden hacer para construir la confianza.

La madurez o responsabilidad que su hijo muestre en un área lo ayudará a tenerle más confianza en otra área totalmente diferente. Por ejemplo, digamos que usted tiene dos vecinos: uno cuida su casa, corta el césped, arregla lo que se rompe y en general muestra orgullo e interés por su casa; el otro vecino casi nunca corta el césped, tiene su casa descuidada y amontona basura en el patio. Usted tiene un auto al que valora mucho y al cual le dedica gran parte de su tiempo; ambas personas vienen a pedirle prestada su tan preciada pertenencia: ¿A cuál vecino se lo prestaría? Aunque ninguno de los dos lo ha usado antes, la conducta que muestran en otras áreas de su vida le permite confiar más en uno que en el otro.

Muchas veces, usted puede observar otras áreas de la vida de su hijo para decidir si lo deja manejar o sacar la licencia de conductor.

**Especifique las conductas.** Trate de mantenerse alejado de conceptos generales tales como: "Podrás manejar cuando te vaya mejor en el colegio", "Obtendrás tu licencia de conductor cuando seas más responsable" o "Cuando te comportes como un chico de tu edad, pensaré si te dejo manejar". Es posible que su definición de mejorar en el colegio, ser más responsable o comportarse como un chico de su edad difiera de la de su hijo. Sea muy claro, explique qué debe hacer para lograr su objetivo y evite los conceptos amplios y muy generales. A continuación se describen algunos problemas de conducta y cómo manejarlos:

1. *Tiene un rendimiento escolar muy bajo.* A un adolescente le va mal en el colegio porque no hace lo que debe (la tarea, el trabajo en clase, prestar atención). Este chico ya tiene su licencia de conductor, pero usted no siente que su nivel de responsabilidad en el colegio lo habilite para usar el auto.

   Tal vez deba establecer un sistema de comunicación semanal con el colegio para vigilar su conducta y su rendimiento. Así, usted recibirá informes sobre el progreso semanal con respecto a la tarea para el hogar, el trabajo, la conducta y la atención en clase.

   El chico puede ganar un total de treinta puntos a la semana por tener un rendimiento absoluto. Le puede decir que con quince puntos usará el auto una vez por semana, con veinte dos días y con más de veinticinco lo podrá usar todo el fin de semana. Con este método, le demostrará a su hijo lo que significa "mejorar en el colegio" y, si quiere usar el auto, sabrá qué tiene que hacer para obtener este privilegio.

2. *Tiene problemas de temperamento.* Otro chico quiere sacar su licencia de conductor pero tiene problemas para controlar su temperamento. Se disgusta con facilidad cuando las cosas no salen como las planificó, cuando se enfrenta con obstáculos o si no sale con la suya. Por eso, usted se pregunta cómo actuaría si se disgustara al manejar. Esta conducta tendría que mejorar para poder confiar más en él y permitirle sacar la licencia de conductor.

Tendría que definir con claridad la conducta que quiere eliminar: "Cuando te enojas, comienzas a gritar y a tirar cosas. Por cada semana que no te comportes así, saldremos a manejar el domingo durante media hora. Cuando hayas acumulado seis horas de manejo, te dejaré rendir el examen escrito y, si lo pasas, podrás sacar tu permiso de conductor. Seguiré con el mismo procedimiento y, cuando hayas acumulado seis horas más, podrás rendir el examen de manejo para sacar la licencia de conductor". Luego podrá determinar semanalmente el uso del auto, dependiendo de cuánto controle el adolescente su temperamento.

3. *Es irresponsable en la casa.* Un adolescente no levanta su ropa y le tienen que decir varias veces que ordene su habitación o el baño. Un chico con esta conducta puede obtener privilegios de manejo si es más responsable en la casa. Usted puede definir con claridad lo que significa ser responsable y hacer un cuadro o tomar nota de la conducta del chico durante la semana. También se puede usar el siguiente procedimiento. Un chico usa el auto ocho horas por semana. La responsabilidad se define por cómo cuidar sus pertenencias, poner las cosas donde corresponde, limpiar después de comer, etc. y eso se ubica en un cuadro. Cada vez que el chico deje los zapatos en la sala de juegos, no limpie la cocina después de comer, deje el baño hecho un desastre o muestre una conducta inaceptable, tendrá una marca en el cuadro. Por cada marca durante la semana, pierde quince minutos de tiempo

para manejar; si en la semana recibió veinte marcas, sólo podrá usar el auto durante tres horas.

Para modificar conductas tales como las peleas con los hermanos, la insolencia o llegar tarde a casa se pueden usar procedimientos similares, conectados con la licencia de conductor o el uso del auto.

**Cómo usar el auto puede ser un incentivo o motivación.** Ya que usar el auto parece ser de vital importancia para la mayoría de los adolescentes, los padres pueden convertir tal deseo en una motivación. A esta recompensa es posible dividirla en cuatro áreas diferentes; cada área puede ser un objetivo cuyo cumplimiento requiere ciertas conductas.

- *Rendir el examen escrito y sacar el permiso de conductor.* En los EE.UU., para sacar la licencia de conductor, la mayoría de los estados exige rendir un examen escrito y uno de manejo propiamente dicho. Si el adolescente pasa el examen escrito, puede obtener el permiso de conductor, el cual le permite manejar junto a un adulto con licencia. Una vez que tiene este permiso, puede ponerse en marcha el próximo incentivo.

- *Práctica de manejo.* Yo uso esta motivación con mucha frecuencia: la conducta del chico a lo largo de la semana determina por cuánto tiempo sale a manejar con su padre o madre durante el fin de semana. Cuanto más coopera en la semana, más tiempo tiene para practicar.

- *Rendir el examen de manejo.* Una vez que el adolescente ya tiene alguna habilidad para manejar y sigue siendo lo suficientemente responsable o maduro para estar solo detrás del volante, puede permitirle tomar el examen de manejo. Después de pasarlo, el chico obtiene la licencia de conducir y está habilitado para manejar sin un adulto a su lado.

- *El uso del auto.* Aunque el chico tenga la licencia de conductor, esto no significa que puede usar el auto cuando quiera, sino que el tiempo que se le permita usarlo durante la semana o el fin de semana también dependerá de su conducta. Si se sigue mostrando responsable o maduro en las áreas que usted especificó, se le extenderán los privilegios. Sin embargo, si las conductas que mejoró para obtener la licencia empiezan a empeorar, serán restringidos. El chico podrá usar el auto si terminó su tarea en clase, pero si no mostró el esfuerzo necesario se le negará o limitará el privilegio.

**El seguro, la nafta y el mantenimiento.** Hoy en día, si los padres deciden prestarle el auto al hijo, los costos suben de manera significativa: el costo del seguro es alto, en especial si su hijo adolescente es varón, y los gastos para la nafta y el mantenimiento también aumentan.

Que el adolescente ayude o no con los gastos es una decisión personal y depende, entre otras cosas, de la situación económica de la familia y de los valores que ella tenga. Algunos padres creen que la tarea del adolescente es ir al colegio y hacer lo que debe; si eso sucede, pagarán con gusto el seguro, la nafta y las reparaciones extras. Otros padres creen que el chico debe ganar dinero. Algunas familias no pueden pagar un aumento en el costo del seguro o la nafta adicional, por lo cual el chico debe trabajar para poder hacer uso del auto.

Aunque la familia tenga los recursos necesarios para costear los gastos adicionales, yo creo que el chico no debe recibir este privilegio a cambio de nada, sino que tiene que ganarlo. Tal vez no deba ganar el dinero necesario para abonar el seguro, pero podría mostrar un cierto nivel de cooperación en la casa o un buen rendimiento en el colegio.

**Beber alcohol y después manejar.** Creo que el énfasis que se debe poner en no manejar si se bebe, nunca es demasiado. Los padres deben leer acerca de este tema y compartir la información con el adolescente. A causa de la seriedad de la situación y el peligro que implica, si el chico maneja bajo la influencia de alcohol o drogas tienen que imponérsele severas restricciones en cuanto al uso del auto.

**Conclusión.** Para el adolescente, sacar la licencia de conductor y manejar son poderosas motivaciones que se pueden usar para beneficio de los padres. El uso del auto y los privilegios de manejo han de basarse en la conducta, no en la edad. Busque las conductas responsables y maduras que le indiquen que su hijo es capaz de usar este privilegio; si siente que no es posible confiar en él para manejar porque no se comporta como debe en otras áreas, dígale qué hacer para ganar este privilegio. Vigile su conducta y otórguele o quítele privilegios, pero de manera *congruente*. El chico debe estar enterado de lo que tiene que hacer exactamente para obtener su licencia o usar el auto o bien para que no se le restrinjan los privilegios.

En los Estados Unidos, los adolescentes pueden sacar su permiso de conductor (learner's permit) a partir de los 15 años y medio, y la licencia de conductor a partir de los 16 años (N. del T.).

# 29

# EL ABUSO DEL ALCOHOL Y LAS DROGAS EN LOS ADOLESCENTES

Supongamos que, al primer adolescente que pasa por nuestra casa, le damos dinero para que compre drogas ilegales. Al mismo tiempo, le entregamos dinero a usted para que me compre un par de gaseosas. Probablemente, los dos vuelvan al mismo tiempo con lo que les pedimos.

Esta es una exageración, pero no está lejos de ser verdad. Las drogas son fáciles de conseguir, desde los niveles socio-económicos más altos a los más bajos, desde las mejores escuelas a las más pobres de la ciudad. Algunas encuestas realizadas por organizaciones nacionales en los Estados Unidos en relación con el abuso de drogas y el alcoholismo revelan que:

1. Los chicos prueban drogas por primera vez a la edad promedio de 13 años y alcohol a la edad promedio de 12 años.
2. Más del 50% de los adolescentes que están en el último año del colegio secundario ha probado drogas y más del 33% ha probado otra droga que no sea marihuana.
3. Alrededor del 33% de los adolescentes dicen que la mayoría de sus amigos se emborrachan por lo menos una vez por semana.
4. Alrededor de 1 cada 16 chicos ha probado cocaína o su poderoso y adictivo derivado: el crack.
5. Las chicas que están en el último año del colegio secundario ingieren más estimulantes y tranquilizantes que los va-

rones. Las chicas están casi al mismo nivel de uso de alcohol, marihuana y otras drogas que los varones.

6. Aproximadamente un 33% de chicos de cuarto grado informó acerca de presión de los pares para probar alcohol o marihuana.

**Los tiempos cambiaron**. Todo ha cambiado drásticamente desde que éramos chicos, cuando al que ingería drogas o era adicto se lo veía como a un degenerado. Hoy en día la droga se encuentra en todos los niveles socio-económicos y se la ve en la televisión y en el cine como algo utilizado en las reuniones sociales o en las fiestas. Sus efectos negativos se minimizan.

Las actitudes y valores de los adolescentes y preadolescentes se han trasladado desde las personas con autoridad hacia gente que busca el placer, el dinero y vive en la vía rápida: hacia el sexo, las drogas, el alcohol y el dinero.

Esta Clave provee un vistazo general al abuso de sustancias en adolescentes y preadolescentes, muestra los tipos de situaciones en las que hay más propensión al abuso y da las razones de esta conducta. También están incluidos los síntomas y las señales del abuso de sustancias. Para obtener más información, consulte alguno de los excelentes libros sobre la materia o pídala en el centro de abuso de sustancias, más cercano a su domicilio.

**¿Por qué drogarse?** Hay muchas teorías con respecto al abuso de sustancias y van desde una base genética a características personales. El abuso de drogas o alcohol en los chicos parece ser un síntoma de confusión, infelicidad o alienación. Observemos cuatro de las áreas generales de características que se pueden ver en los chicos.

• *Falta de autodisciplina.* Los chicos que carecen de autodisciplina muestran una falta de control interno y de responsabilidad. Tienen un enfoque egocéntrico y orientado hacia la búsqueda del placer y no sienten responsabilidad personal o social. A menudo, son impulsivos, no piensan antes de actuar y les resulta difícil cumplir con las obligaciones y responsabilidades que otros les imponen. Los problemas con las personas con autoridad son frecuentes y muestran un bajo rendimiento escolar debido a su falta de responsabilidad. A veces se fijan objetivos muy altos, pero no tienen la autodisciplina ni el conocimiento del proceso necesarios para lograrlos. Un ejemplo es el chico que me dice que estudiará abogacía, ganará mucho dinero, se comprará una casa y varios autos caros. Sin embargo, está en mi consultorio porque quiere dejar el colegio. Saben cómo proponerse objetivos pero no saben cómo lograrlos.

- *Falta de motivación.* A algunos adolescentes les falta interés en ciertas cosas, actividades y eventos: el colegio, los pasatiempos, los logros o aciertos personales, las consecuencias futuras. Viven día a día y momento a momento y no hacen planes.
- *Infelicidad, insatisfacción, depresión, ansiedad, aburrimiento.* Estos son síntomas frecuentes en los adolescentes con una mala imagen de sí mismos y para quienes los demás son mejores que ellos. Les falta confianza en sus aptitudes, son infelices en su hogar y no se sienten parte de la familia.
- *Problemas de socialización.* Los adolescentes que tienen estos problemas, generalmente mantienen amistades en un nivel superficial o no tienen muchos amigos; no cuentan con un amigo íntimo o se sienten aislados de sus pares; tienen problemas con la autoridad y conflictos con miembros de la familia; sus pares influyen en ellos fácilmente.

Las características mencionadas son típicas pero no decisivas, ya que los adolescentes que abusan de las drogas o el alcohol presentan diferentes características personales y diferentes razones para hacerlo. A continuación, se describen las razones más frecuentes que llevan a esta conducta.

- *Experimentación*. Casi todos los adolescentes prueban alcohol o drogas. Si el chico está sólo experimentando, la conducta se verá con poca frecuencia y luego desaparecerá. La experimentación es la primera de las cuatro etapas hacia la dependencia de una sustancia. A esta generalmente le sigue el uso ocasional (menos de una vez por semana), luego el uso regular, en el que el chico bebe o se droga con mucha frecuencia. La etapa final es la dependencia.
- *Presión de los pares*. Todos los amigos beben o se drogan, por lo que será difícil que pueda eludir la influencia o presión del grupo.
- *Rebelión*. A veces, el uso de drogas o alcohol está basado en la tendencia del chico a rebelarse ante los valores parentales o sociales.
- *Problemas de confianza*. En general, los adolescentes que tienen un concepto negativo de sí mismos son inseguros y les falta confianza. Esta puede ser la base del uso de drogas o alcohol.
- *Para promover y mejorar la interacción social*. Algunos tienen problemas, para relacionarse con otros chicos de la misma edad o con el sexo opuesto y piensan que las drogas o el alcohol aflojarán sus inhibiciones y será más fácil relacionarse.
- *Para esconder la depresión*. Algunos usan el alcohol o las drogas para automedicarse. Sus dificultades emocionales se centran en la depresión, la desesperanza y la infelicidad; estas sustancias los ayudan a aliviar los síntomas.
- *Les gusta*. Algunos usan drogas o alcohol porque los hace sentir bien y disfrutan la sensación de placer de estar exaltados.

**Señales y síntomas del abuso de sustancias.** Hay muchos síntomas que muestran un abuso de sustancias. Describiremos los más frecuentes. Sin embargo, esta lista no es decisiva; si su hijo muestra uno o dos de estos síntomas, eso no significa que está usando drogas o alcohol: preocúpese sólo cuando observe un conjunto de síntomas. Ante todo, fíjese en los síntomas que se pueden ver, ya que en estos casos la apariencia se ve afectada.

- *Ver al chico ebrio.* Se emborracha con frecuencia; las bebidas alcohólicas o los remedios desaparecen de su casa; encuentra drogas o alcohol escondidos; usted descubre artículos comprados que tienen relación con la droga (paquetes de papel para cigarrillos, pipas, jeringas) o encuentra artículos de la casa que pueden ser usados para drogarse (bolsas de plástico, bolsitas, tiras de papel de aluminio, pequeñas botellas, cajas, hojas de afeitar, balanzas de cocina, cucharas y tapas de botellas quemadas en la base).
- *Pérdida de interés.* Pérdida de la ambición y del interés en los pasatiempos, los deportes u otras actividades. Deterioro general de los principios y valores.
- *Cambios físicos.* Deterioro de la salud y/o de la apariencia física. Cambios en el apetito (aumento o diminución), ojos enrojecidos, hiperactividad, "resfríos" frecuentes, sangra la nariz.
- *Cambios en la personalidad.* El chico no es lo que era, experimenta cambios en el humor, su conducta es violenta o destructiva. Depresión severa: amenazas o intentos de suicidio. Amenazas o intentos de escaparse de casa.
- *Pérdida de interés en el colegio.* Las calificaciones empiezan a bajar, el chico falta al colegio.
- *Conducta evasiva.* La puerta de su habitación está cerrada; mantiene conversaciones telefónicas muy privadas. Llega tarde todo el tiempo (al colegio, a las citas, a distintas actividades).
- *Evita a los demás.* Evita las reuniones familiares, a los vecinos o a viejos amigos. Pasa el tiempo con chicos más grandes, maltrata verbal y físicamente a los padres o hermanos. Cambia de amigos o de grupo.
- *Problemas de dinero.* El dinero desaparece de su casa, tiene necesidades de dinero poco explícitas, gastos repentinos; dispone de dinero pero usted no sabe de dónde viene.

- *Mentiras crónicas.* Coartadas, excusas y justificaciones frecuentes (los profesores me odian; todos se burlan de mí; no me entiendes). No cumple las promesas. Da excusas como: "Todos fuman (o toman)", "¿Qué te molesta? A ti no te hace daño".
- *Problemas de diversa índole con la policía.* Multas por conducir ebrio. Accidentes automovilísticos.

### Cómo tratar el abuso de sustancias

- *Consulte a un profesional de la salud mental.* Si sospecha que su hijo está usando drogas o alcohol, consulte a un profesional de la salud mental que se especialice en esta área. No todos los profesionales de la salud mental tienen los mismos conocimientos, asegúrese de consultar a uno que tenga la preparación y la experiencia adecuadas. Vea la Clave 31. En la mayoría de las ciudades hay centros que ofrecen tratamientos o le pueden brindar información adicional.
- *Identifique y alivie los problemas.* Los problemas pueden estar relacionados con el colegio, la familia o los pares, como así también con el chico mismo. Si hay conflictos maritales en su casa, problemas de disciplina con el chico, fallas en el colegio o problemas de socialización, trate de resolverlos.
- *Anímelo a tener nuevos amigos.* Esto resulta más difícil con un adolescente que con un niño, pero procure ayudarlo a cultivar nuevas amistades. No subestime, critique o hable de manera negativa sobre sus amigos actuales, porque cuando usted hace eso el chico siente que está hablando acerca de él. A veces es bueno restringir ciertas amistades; sin embargo, en vez de restringir es mejor animarlo a tener nuevos amigos.
- *Anímelo a tener nuevos intereses.* Déle oportunidades para que tenga nuevos pasatiempos, intereses y actividades.
- *Ayúdelo a tenerse confianza.* Ponga el acento en sus virtudes. Busque áreas en la vida del chico que le produzcan falta de confianza, haga lo necesario para resolver este

problema y ayúdelo a tener una imagen positiva de sí mismo.

- *Desarrolle la responsabilidad y la autodisciplina.* Muchos chicos no están motivados ni muestran responsabilidad. No miden las consecuencias: este puede ser parte del problema que tienen con las drogas y/o el alcohol. Trate de desarrollar la responsabilidad general en áreas que giren alrededor de la casa (las tareas, mantener su habitación ordenada) y el colegio.

- *Establezca la comunicación.* La mayoría de los adolescentes tienden a alejarse de su familia y a hablar poco con los padres. Muchas veces, si el profesional le habla al adolescente sobre drogas y alcohol e intenta hacerse entender, este lo toma como un sermón o algún tipo de reprimenda. Trate de mantener una línea de comunicación abierta con su hijo. Háblele sobre lo que a él le interesa, lo que le agrada y lo que no; a veces, el objetivo de la comunicación no es obtener información, sino interactuar e intercambiar información de forma positiva. Vea las Claves 18, 19 y 20.

- *Evite que lo manipulen.* Muchas veces, los que abusan de ciertas sustancias son buenos manipuladores; por eso, no confíe demasiado y así permita que lo manipulen: establezca reglas y consecuencias. Haga lo necesario para poder confiar en su hijo.

- *Elimine los modelos inapropiados.* Si sospecha que su hijo usa drogas o alcohol, asegúrese de que usted no le esté brindando modelos similares. Los modelos de esta conducta pueden estar en su casa, en los pares, en la televisión o en el cine.

- *Trate los problemas emocionales.* Si su hijo tiene problemas emocionales (depresión, infelicidad, ansiedad), consulte al profesional de la salud mental adecuado.

- *Establezca reglas y consecuencias para la conducta.* Evite proteger o rescatar a su hijo de las consecuencias: establezca reglas y consecuencias definidas. Ciertas consecuencias deberían ser el resultado de ciertas conductas, especialmente si abusa de las drogas o el alcohol.

# 30

# COMO TRATAR CON EL SUICIDIO

La tasa de suicidio en niños y adolescentes casi se ha triplicado en los últimos 20 años. Algunos suicidios se basan en un impulso, pero la mayoría son planificados y muy pensados. No existe una sola respuesta sobre por qué una persona joven desea terminar su vida, pero las investigaciones tienden a identificar los siguientes factores: los problemas y las presiones existentes en la familia, la pérdida de un ser amado o de una relación importante, conflictos de identidad, la cercanía de las drogas y el alcohol, una alta competitividad escolar y necesidades y objetivos que no se pueden alcanzar. Si bien es difícil predecir qué tipo de chico intentará suicidarse, ya que el suicidio prevalece en todo tipo de jóvenes, es más probable que lo intente el chico que está aislado, distante y no causa problemas. Necesitan atención pero no la obtienen en su casa ni en el colegio porque su conducta no lo requiere; no sobresalen y se los pasa por alto con facilidad. Si bien es difícil decir cuáles son las características de la personalidad del chico que intentará suicidarse, hay muchas claves y señales para tener en cuenta. Cuantos más síntomas muestra, el mayor es el riesgo.

**Características o señales de peligro.** Las señales o características que lo ayudarán a identificar y prevenir un posible intento de suicidio se pueden dividir en tres áreas generales: verbal, conductal/sentimental y situacional.

*Características verbales*

Todas las declaraciones que revelen un deseo de morir deberían tomarse en serio.

1. Comunicaciones directas:
   *"Me voy a matar."*
   *"Me quiero morir."*
   *"Quiero estar en el Cielo con el abuelo."*
   *"Ojalá estuviera muerto."*
   *"Me voy a pegar un tiro."*
2. Comunicaciones indirectas:
   *"No tendrás que preocuparte por mí nunca más."*
   *"Todos estarían mejor sin mí."*
   *"Soy yo el que causa todos los problemas en la familia."*
   *"No podré soportar la presión por mucho más tiempo."*
   *"Soy una carga para mis padres."*
   *"Mis amigos no me necesitan; todo lo que hago es causar problemas."*

*Características conductales/sentimentales*

Los cambios de conducta o personalidad y el surgimiento o presencia de ciertos sentimientos y actitudes pueden indicar una personalidad suicida.

1. Alejamiento. El chico se transforma en un solitario y se aísla de los demás o de sus actividades. La socialización con los pares y la interacción verbal disminuyen. Es como si la mayor parte del tiempo estuviera ensimismado en sus pensamientos y ausente de la gente que lo rodea.

2. Se deprime, llora, está infeliz y apático, se siente desesperado, indefenso e inútil.
3. Está ansioso, confuso, agitado, muestra un humor cambiante y otras señales de estar perturbado.
4. Baja su rendimiento escolar.
5. Duerme más horas de lo habitual o no puede dormir.
6. Aumenta o disminuye su apetito.
7. Se preocupa o pregunta sobre la muerte, la religión, parientes fallecidos, el Cielo, etc.

8. Hace arreglos finales o trata de "poner sus cosas en orden". Esto puede incluir regalar los objetos personales más preciados (p. ej., el equipo de música, la camiseta de fútbol, la colección de discos compactos), pagar las deudas, hacerle favores a quienes maltrató anteriormente, llevar un diario personal o escribir demasiado, organizar sus pertenencias.

9. Comienza a involucrarse con las drogas o el alcohol.

10. Le falta optimismo o esperanza en el futuro.

11. Le presta poca atención a su apariencia física.

*Características situacionales*

Ciertas situaciones o condiciones del entorno son comunes en los chicos que intentan suicidarse.

1. Intentos o amenazas previas de suicidio.

2. Numerosos antecedentes de tratamientos psicológicos o terapéuticos o de hospitalización psiquiátrica.

3. Problemas o caos en la familia. Un hogar desorganizado o un quebrantamiento de la estructura familiar (p. ej., muerte, divorcio, separación).

4. Presiones por parte de la familia, para que sea exitoso. El adolescente siente que debe ser perfecto a fin de complacer a sus padres.

5. Insatisfacción con la situación, las reglas o las restricciones en el hogar y sentimiento de que las cosas no cambiarán, ya que las reglas, la conducta y las reacciones de los padres están labradas en piedra.

6. La sensación de que la familia ni lo entiende ni lo respeta ni lo aprecia. Los padres no aceptan sus sentimientos de infelicidad, frustración o fracaso y por eso los rechaza.

7. Las peleas físicas con miembros de la familia y/o con otra gente. Conducta ofensiva por parte de los integrantes de la familia.

8. Aumento de la tensión, la presión, la competitividad y los pedidos en el colegio y el grupo de pares. Fracaso en los estudios.

9. Pérdida de un ser amado o de una relación importante y cercana.
10. Problemas de identidad adolescente. Transición de la adolescencia a la adultez.
11. Planes suicidas que incluyen métodos mortales y rápidos (p. ej., disparo, ahorcamiento, saltar de un puente). Los planes suicidas son específicos y están pensados hasta el último detalle.
12. Reciente suicidio de un amigo, pariente o persona admirada.

Si bien es difícil identificar una "personalidad suicida", cuantas más señales o características de las mencionadas muestre el adolescente, más alto será el riesgo. Aunque el intento de suicidio sea impulsivo o bien pensado, generalmente se hacen presentes la falta de optimismo, la sensación de infelicidad y la ausencia de esperanza en el futuro.

**¿Qué hacer?** Si el adolescente hace comentarios sobre el deseo de morir, eso tiene que llamar su atención y usted debe tomar la amenaza con seriedad. Lo primero que corresponde hacer es identificar la situación o las circunstancias en que se expresan estos sentimientos: ¿Sucede cuando el chico no se sale con la suya (p. ej., cuando no le compran algo que él les pide o cuando no lo dejan ir al baile o a un recital)? ¿Sucede después de que lo castigan o cuando será ventajoso hacer sentir culpables a los padres? ¿Trata de que reaccionen o de que se disgusten? ¿Pueden predecir cuándo lo dirá, o bien ocurre en una situación impredecible, mientras mira televisión, va en el auto, o bien durante una conversación sobre el colegio o los amigos? ¿Con cuánta frecuencia sucede y en qué circunstancias?

Algunos de los comentarios sobre el suicidio se hacen para manipular a los padres, como por ejemplo: "Te odio", "Eres cruel", "Me voy a escapar" o "Quiero vivir en casa de la abuela". Esto sucede especialmente si el chico tiene una personalidad manipuladora. Haga que su hijo exprese sus sentimientos y hable sobre ellos, pero mantenga la calma; no permita que él lo manipule.

Aunque la expresión sobre el deseo de morir sea o no predecible, o usted la sienta o no manipuladora, el próximo paso corresponde a la búsqueda de posibles señales de peligro. Si identifica en su hijo varios de los sentimientos, cambios de conducta o situaciones ya mencionadas, debería tomar sus palabras en serio. Cuanto más frecuentemente escuche los comentarios, con más seriedad los debería tomar. Hable con su hijo sobre sus sentimientos y sobre el suicidio; no le dé respuestas simples a problemas serios ni le diga todas las razones por las que no debe sentirse así, ya que esto podría aumentar la culpa y lo hará sentir más inútil y desesperado; trate de entender sus sentimientos y ayúdelo a encontrar soluciones a los problemas; cuando tenga una duda o cuando no pueda responder a ciertas preguntas, consulte a un profesional de la salud metal que se especialice en niños y adolescentes, para que le pueda brindar la asistencia adecuada.

# 31

## ¿NECESITA AYUDA PROFESIONAL?

Quizás los padres que estén por consultar a un profesional de la salud mental piensen: "¿La conducta de mi hijo es normal o no?", "¿Debería preocuparme?", "¿Es típica de la edad?", "¿Podemos tratar la conducta, la actitud o el problema nosotros solos?"

Si su hijo tiene problemas en el hogar, en el colegio, en el barrio, con los profesores o con los amigos y a usted le parece que esta conducta no es típica de la edad, debería pensar en la intervención de un profesional. Si el profesor, el entrenador o alguna otra persona que conoce a su hijo le comenta algo fuera de lo común, escúchelo. Para determinar si debería preocuparse por la conducta, primero debe evaluar si es normal. Sobre esto se habla con más detalle en las Claves 2, 3 y 4.

Si consideró la situación y siente que no tiene la capacidad para manejar o evaluar la conducta y/o siente que esta no es normal, entonces usted debe consultar a alguien que le brinde la evaluación, el tratamiento o la información necesarios.

**Cómo encontrar a un profesional competente.** Al buscar a un profesional de la salud mental para que le brinde sus servicios, asegúrese de que esta persona posea las credenciales adecuadas (es decir, la licencia, el certificado). También debería determinar si tiene la experiencia apropiada para el tipo de terapia, información o evaluación que usted necesita. Más allá de la profesión de la persona que usted seleccione (psicólogo, psiquiatra, asistente social), le sugiero que elija a alguien que se especialice en niños y adolescentes. Si yo necesito operarme del corazón, no voy a buscar un cirujano general que haga operaciones cerebrales, de cataratas y de corazón, sino que buscaré a alguien que se especialice en operaciones de corazón. De la misma manera, no quisiera que alguien que también es consejero matrimonial, trata a pacientes geriátricos y trabaja con adultos hospitalizados vea a mi hijo adolescente: quiero un profesional que se ocupe más que nada de niños y adolescentes.

La mejor manera de encontrar a un profesional competente es pedir una recomendación a los que trabajan con adolescentes (a un profesor, un director, al consejero del colegio o al pediatra). Si le pregunta a varias personas, es probable que le nombren al mismo profesional unas cuantas veces, lo cual le dará una idea sobre su competencia o el respeto que se le tiene. Tal vez otros padres también hayan buscado asistencia de este tipo y ellos le podrán decir lo que pensaron de la persona que trabajó con su hijo. Yo no estaría tan seguro de la gente que ofrece tratamientos que están de moda, aseguran su éxito y dan garantías: en general, los profesionales competentes no necesitan hacer publicidad; por lo tanto, me alejaría de las agencias o los individuos que publicitan sus servicios de manera masiva. La persona que tiene el aviso más grande en la guía telefónica no es necesariamente la más idónea: sólo gastó más dinero que el resto, en publicidad. Pregúntele a profesionales en su barrio, al médico de su hijo, a su médico o a otras personas cuya opinión respete.

**Terapia/Psicoanálisis.** Existen muchas teorías sobre el desarrollo de la personalidad, los métodos para tratar la conducta y las técnicas para trabajar con adolescentes. También existe un gran desacuerdo entre los profesionales sobre qué tratamiento es el más eficaz y cuál debería ser el preferido. Probablemente, el mejor modo de determinar su eficacia sea preguntarse si el tratamiento da buenos resultados. Si funciona con su hijo, es el mejor método; si no funciona y no puede ver un cambio importante en su conducta, será mejor consultar a otra persona. He sabido de casos de padres que consultaron al mismo profesional durante dos años y, sin embargo, no vieron un cambio importante en el chico.

Usted debería evaluar continuamente la eficacia del tratamiento y la información que el profesional le está brindando. Si cree que la terapia beneficia a su hijo y/o que usted recibe información que le es útil, le recomiendo que continúe; en caso contrario, debe probar otro método. Más adelante, en esta misma Clave, le daré algunas indicaciones sobre cómo evaluar el proceso terapéutico.

Aunque hay algunas excepciones, creo que en general, para que la terapia o el psicoanálisis sean eficaces en los niños y adolescentes, los padres deben tomar parte. Además, se le debería avisar sobre el tratamiento a las otras personas que tengan un contacto importante con el chico (p. ej., profesores, abuelos) y decirles lo que corresponde o no hacer. Si yo veo al chico una hora por semana ¿quién lo ve las restantes 167 horas de la semana? Creo que si puedo brindarle información útil a las personas que lo ven el resto de la semana, la probabilidad de que la conducta cambie aumentará en gran medida. El entorno (los padres, los profesores, los parientes) también se transforma en el "terapeuta" del adolescente. Para aumentar la probabilidad de que el tratamiento funcione, usted y el resto de la gente importante en la vida del chico deberían tomar parte activa en este. He visto situaciones en las que el chico estuvo bajo tratamiento por tener problemas en el colegio, conductales o escolares, y el terapeuta ni siquiera habló con el personal del colegio o los profesores después de ver al adolescente durante varios meses. Si los problemas de su hijo están relacionados con el colegio, el terapeuta debería hablar con el profesor, el director o alguien del colegio que lo conozca. Nunca seguiría viendo a un terapeuta que tratara a mi hijo por problemas escolares pero jamás se molestara en ir a hablar con alguien en el colegio.

Los padres deberían participar activamente en el tratamiento de su hijo, no porque estén "locos", enfermos o estén haciendo todo mal, o porque son la causa más importante del problema, sino porque tienen una relación más cercana con el adolescente que el terapeuta. Si los padres cuentan con algunas técnicas específicas para manejar la conducta y pueden trabajar en conjunto con el terapeuta, el cambio sucederá mucho más rápido.

Si su hijo comienza una terapia, usted debe conocer el proceso global y saber cuáles serán los resultados. Trataré de darle una idea de lo que se le puede pedir al terapeuta para entender mejor todo y acrecentar su participación.

Cuando le recomiendan la terapia o en sus primeras reuniones con el terapeuta, usted puede preguntar: "¿Cuál es exactamente el problema que tiene mi hijo?", "¿Cómo se lograrán los objetivos?", "¿Cuánto podré participar?", "¿Cuánto tiempo piensa que durará la terapia?", "¿Cuánto costará?"

Una vez que el adolescente esté haciendo el tratamiento, usted debe mantener un contacto regular con el terapeuta para hablar sobre el progreso y sobre lo que usted puede hacer para ayudar a su hijo. A continuación se enumeran algunas de las preguntas que se pueden formular durante estas reuniones: "¿Cómo progresa mi hijo?", "¿En qué áreas necesita mejorar?", "¿Qué puedo hacer en casa para ayudarlo", "¿Cómo manejo su terquedad y su insolencia?", "Los profesores se quejan de su conducta en el colegio, ¿qué debería decirles?", "¿Hay algo que yo pueda leer para entender mejor a mi hijo y aprender a tratar con él?", "¿Cuándo comenzará a espaciarse la terapia y cuándo lo veremos menos?"

Al terminar la terapia, puede preguntarle al terapeuta: "¿A qué le debo prestar más atención si vuelve a su conducta anterior?", "¿Con cuánta frecuencia le debo contar a usted cómo va todo y darle un informe actualizado sobre la conducta de mi hijo?", "¿Con cuánta frecuencia le debo pedir a sus profesores que me informen sobre su conducta/rendimiento en el colegio?"

Asegúrese de que le responda sus preguntas en términos que usted entienda: una vez que el terapeuta haya respondido, usted no debería sentirse más confundido que antes. Si no le resulta claro lo que le explican, piense que es culpa del terapeuta y no que usted no tiene la inteligencia suficiente. Cuando hablo con abogados o vendedores de seguro y comienzan a usar el lenguaje de su profesión (la jerga que sólo ellos comprenden), en general, los paro y les digo: "No entiendo lo que me dice. ¿Sería tan amable de hablar en lenguaje corriente para que lo pueda entender?". Usted debería hacer lo mismo con los profesionales de la salud mental que usan terminología específica o hablan en términos muy complicados. Pregunte y asegúrese de dejar el consultorio con más conocimientos e información que cuando llegó.

**Hospitalización psiquiátrica.** Hace muchos años, sólo se pensaba en internar a un niño o adolescente en un hospital psiquiátrico, cuando representaba un peligro para sí mismo o para los demás, o cuando tenía problemas emocionales graves. Hoy en día, con la proliferación de estos hospitales, pareciera que el criterio ha cambiado; la hospitalización ha aumentado significativamente; se hospitaliza a niños y adolescentes por otras razones que las mencionadas e incluso, a veces, antes de aplicar algún tratamiento. En muchos casos, el criterio para decidir si se hospitaliza a un adolescente depende de la cobertura de los padres. Los hospitales psiquiátricos son un gran negocio y, para ganar dinero, las camas deben estar ocupadas. Puede darse una idea de la competencia entre hospitales, por la cantidad y el tipo de avisos que usted escucha y ve en la radio y en la televisión. Además, muchos de estos hospitales están abriendo clínicas satelitales y ofreciendo franquicias para manejar sus servicios. Algunos usan "la publicidad del miedo" con el objeto de asustar o hacer que los padres se sientan culpables o para mostrar que ciertas conductas comunes (p. ej., alejamiento de las actividades familiares y cambios de humor en los adolescentes) son señales de problemas que indican la necesidad de hospitalizar al chico.

Si bien el público en general es consciente de ello, hay preguntas que usted debería formularse cuando le proponen hospitalizar a su hijo en un establecimiento psiquiátrico.

¿Se han intentado otros tipos de tratamiento? En general, la hospitalización es el último paso (no el primero) para tratar de modificar las dificultades emocionales o conductales de un adolescente. En muchos casos, se deberían intentar otras formas de tratamiento (p. ej., terapia ambulatoria, terapia familiar) antes de pensar en la hospitalización. Aun cuando el adolescente parezca estar fuera de control, se debe hacer una evaluación para intentar algo diferente.

¿El chico representa un peligro para sí mismo o los demás? ¿Muestra signos de graves disturbios emocionales o ha perdido el contacto con la realidad? Si la respuesta es afirmativa, entonces debe pensarse en la hospitalización. También se podría incluir en esta categoría al adolescente que abusa en gran manera de las drogas o el alcohol.

¿El hospital, el centro médico o el profesional le hablan más de su cobertura que del problema de su hijo? En este caso, desconfiaría de la situación.

¿Pidió una segunda opinión? La hospitalización de un adolescente es una decisión de gran importancia, por lo que debería pedir una segunda o tercera opinión. Si las opiniones concuerdan, puede acceder. Procure obtener opiniones de profesionales que no están relacionados con los hospitales.

El hospital psiquiátrico no trata al chico; un profesional de la salud mental es el principal responsable del tratamiento. Por lo tanto, cuando piense en la hospitalización, no debe buscar primero el hospital sino a la persona más competente y con mejor reputación que tenga experiencia en las dificultades que atraviesa su hijo. Aunque algunos establecimientos tengan una mejor apariencia que otros y se publiciten más, la eficacia del tratamiento dependerá de la persona que está tratando a su hijo, no de los avisos, las aseveraciones o los edificios del hospital.

Si está pensando en hacer uso de los servicios de salud mental para su adolescente, formúlese algunas de las preguntas anteriores. Si todavía tiene dudas, pida más consejos al médico de su hijo o a un profesional de la salud mental que se especialice en adolescentes.

# 32

# QUE HACER SI LAS TECNICAS DE ESTE LIBRO NO FUNCIONAN

Si ha probado algunas de las sugerencias de este libro y no le han dado un gran resultado, hay varias cosas que debe tener en cuenta.

**¿Ha cambiado sus métodos para tratar con la conducta?** Recuerde que ahora está tratando con un adolescente o un adulto joven, no con un niño. El tipo de control que usaba con el niño no necesariamente funciona con el adolescente. Los nuevos métodos deben incluir llegar a un acuerdo, escuchar y responder de manera adecuada a sus sentimientos, darle más libertad y tratarlo como a un adulto.

**¿Todavía exagera sus reacciones o se disgusta ante la conducta adolescente "normal"?** Hay algunos cambios típicos que ocurren en la conducta, la actitud y los patrones de interacción familiar del adolescente. Usted debe darse cuenta de que ya no es el mismo niño de siempre, sino que está cambiando y convirtiéndose en un adulto. Familiarícese con los cambios normales que suelen ocurrir e intente manejarlos de una manera apropiada.

**¿Ha aumentado la comunicación positiva?** El adolescente habla menos y se comunica con sus padres con menor frecuencia que cuando era un niño, por lo tanto, la interacción entre ambos a menudo incluye sermones, correcciones, hacerle entender algo y otras conductas similares; la consecuencia es que la interacción se transforma en negativa. Si este es el caso, es posible que el chico no escuche a sus padres ni responda a sus pedidos o sugerencias. Es importante hacer lo posible por aumentar la comunicación positiva que tiene con su hijo; háblele sobre lo que le interesa, las cosas que son importantes para él. Hable por hablar y no para darle información o hacerle entender algo.

**¿Usa otras consecuencias que no sea el castigo?** En algunos chicos, la conducta no cambiará si se usa el castigo como método principal de control; de hecho, es posible que empeore la situación. También se pueden usar las consecuencias de recompensa e indiferencia: la recompensa puede incluir aflojar las restricciones o darle al chico más libertades.

**¿Usa las técnicas de manera congruente?** Otra razón por la cual las técnicas no funcionan es no usarlas de manera congruente: tal vez los padres prueben algo un día y al día siguiente prueben algo distinto, no se quedan con una técnica.

La incongruencia también aparece cuando los padres usan la técnica pero no la emplean todas las veces que son necesarias. Quizás manejen la conducta de manera eficaz una vez, la dejen pasar las próximas cuatro o cinco veces y luego impongan la consecuencia cuando la conducta vuelva a ocurrir. Las técnicas y las consecuencias deben usarse congruentemente y deberían ser aplicadas cada vez que se observa la conducta.

**¿Le ha dado a las técnicas la oportunidad de funcionar?** Aunque los padres sean congruentes al usar la misma técnica para aplicar la medida disciplinaria, es posible que un método no funcione, simplemente porque no se lo probó lo suficiente. Las conductas del adolescente no cambian de la noche a la mañana; por ejemplo, tomemos a un chico que no le ha dado importancia a la tarea desde séptimo grado y siempre necesitó que se lo presionara. Finalmente, en el secundario los padres deciden establecer un procedimiento para tratar la conducta; siguen un método de manera congruente, pero luego de dos semanas sin notar cambio alguno, lo dejan. Una conducta que ha existido durante años no cambiará en dos semanas; para modificarla se debe aplicar el método durante un período razonable antes de considerarlo ineficaz.

**¿Se centró en cambios pequeños?** Muchas de las conductas que se observan en el adolescente son hábitos o respuestas al entorno, las cuales se fueron desarrollando gradualmente con el tiempo. Cuando observamos la conducta de nuestros hijos, la mayoría observa la conducta general y se olvida de buscar los cambios pequeños. Es necesario dividir la conducta en pequeñas partes y observar las mejoras graduales.

**Las consecuencias que usted usa ¿son importantes para el adolescente?** Aunque use consecuencias positivas o negativas, asegúrese de que sean importantes para el adolescente. Si la consecuencia no es importante ni apropiada, no servirá como motivación y la conducta no cambiará. Para determinar una recompensa o un castigo, usted debe tener en cuenta los intereses y valores de su hijo y usar las consecuencias que sean importantes para él. Además, debe recordar que los adolescentes están cambiando, lo que es importante esta semana puede no serlo la próxima.

**¿Usó la técnica con regularidad aunque al principio la conducta haya empeorado?** A veces, cuando se recurre a una técnica eficaz, la conducta empeora antes de mejorar. Cuando los padres ven que esto sucede, tienden a dejar de usarla. Sin embargo, el empeoramiento de la conducta puede querer decir que la táctica disciplinaria estaba funcionando y los padres no la deberían haber abandonado.

**¿Evitó que su hijo lo manipulara?** Los chicos son buenos manipuladores cuando se trata de evadir los castigos. Por ejemplo, tal vez le diga a su hijo que perderá sus privilegios con el auto si no hace la tarea. Cuando él le contesta: "¿Y qué?, no voy a hacer la tarea, y de todas maneras no quería usar el

184

auto", usted puede pensar: "¿Y ahora qué hago?". El chico comenzó a manipularlo. Quizás sea verdad que no está interesado en usar el auto el fin de semana, pero si esta es una actividad importante para él y usted continúa con la misma regla, el procedimiento funcionará y hará la tarea.

Si las respuestas a algunas de las preguntas anteriores es "no", usted debería usar la técnica otra vez y tratar de eliminar la razón por la que no funcionó. Si siente que las ha implementado con éxito pero todavía tiene problemas, sería apropiado consultar a un profesional de la salud mental que se especialice en conductas adolescentes.

# 33

# MEMOS DE SU ADOLESCENTE

1. La adolescencia es un período de confusión y estoy experimentando varios cambios. Muchas de mis conductas son típicas de los adolescentes. Si puedes entender algunos de estos cambios y tratarme de diferente manera, podremos atravesar este período de mi vida sin grandes dificultades.
2. Estoy empezando a cambiar y me estoy transformando en adulto. No podrás "controlarme" de la misma forma en que lo hacías cuando yo era un niño. Haz la prueba de tratarme como a uno de tus amigos o a otros adultos.
3. La oposición, la resistencia, la terquedad, la rebeldía y la lucha por la independencia son una parte normal de la adolescencia. No te disgustes si no estoy de acuerdo contigo y comienzo a mostrar actitudes, intereses y opiniones distintas de las tuyas. Concéntrate en "cómo" te digo las cosas en lugar de "qué" digo.
4. Tengo todos tus sermones en un casete por si los quiero escuchar una y otra vez. Trata de no repetirlos, de no formularme las mismas preguntas varias veces y de no irritarme. Si lo haces, tendré que protegerme haciéndome el sordo.
5. A menudo pensaré que eres anticuado. Todavía vives en los "días de antaño" en que ir al cine costaba 15 centavos, había sólo tres canales de televisión y tenías que caminar 7 kilómetros para ir al colegio. Estoy cansado de escuchar: "Cuando tenía tu edad". ¿Cómo es posible que me entiendas y sepas lo que sucede en mi vida?
6. No te disgustes si no te hablo o no te hago confidencias como cuando era más chico. Esto es típico de mi edad.

7. Parece que tu inteligencia ha disminuido, de hecho, estás cerca de ser estúpido. ¿Cómo puedes saber lo que yo debo hacer? ¿Cómo voy a seguir tus consejos, indicaciones y sugerencias? Tenme paciencia. En algunos años me daré cuenta de lo mucho que has aprendido desde que yo era un adolescente.

8. A medida que tu inteligencia disminuye, mi conocimiento sobre el mundo y mi inteligencia aumentan: soy casi un genio. Sé todo lo que hay que saber. Los únicos que parecen ser tan inteligentes como yo son mis amigos y pares.

9. Prefiero hacer cosas con mis amigos que contigo o con la familia. No te disgustes si no acepto tus invitaciones para salir a comer, ir a casa de la abuela o estar contigo.

10. Parece que hubieras atravesado algunos cambios físicos, no sé cuáles, pero algo sucedió. Me avergüenzas y a veces no quiero que me vean contigo. Tal vez deje de invitar a mis amigos a casa, o tal vez tengas que dejarme a una cuadra de la vivienda de mi amigo o del cine para que mis pares no me vean contigo. En el paseo de compras quizás camine varios metros adelante o detrás de ti para que nadie sepa que eres mi progenitor.

11. Tenemos menos oportunidades de hablar que antes pues estoy siempre ocupado o con mis amigos, hablando por teléfono o bien en mi habitación. Por eso, la mayor parte de nuestras conversaciones se centran en mis fallas, errores, lo que debería hacer, lo que no hice y otras conductas negativas. En otras conversaciones me sermoneas, tratas de enseñarme algo o hacerme entender algo ("el valor de la educación", "qué significa ser responsable"). Hablemos sólo por hablar; también trata de hablarme sobre mis logros, aciertos, intereses y actividades.

12. Parece que las pequeñas cosas que haces me irritan. Incluso ante la pregunta: "¿Cómo te fue hoy?" tal vez te conteste de manera insolente. No te disgustes mucho, ya que probablemente esté enojado por otra cosa y me esté descargando contigo. El malhumor es típico de mi edad.

13. A veces pareciera no saber cuáles son mis prioridades,

pero no es verdad. Lo que sucede es que mis amigos, el sexo opuesto, hablar por teléfono, salir, divertirme y otras actividades similares son más importantes que algunas tonterías como la tarea escolar, sacar la basura y ordenar mi habitación. No es que sea vago, sino que tengo demasiadas cosas que hacer más importantes que trabajar.

14. A veces parece que tienes amnesia. No recuerdas cómo era tener mi edad; te olvidas de que me diste el mismo sermón el jueves pasado, hace dos semanas o el mes anterior. No recuerdas que me diste las mismas instrucciones para ordenar mi habitación y me preguntaste si había estudiado, veinte veces. Ya no sabes cómo hacer las compras y cómo cocinar; nunca hay nada para comer en esta casa y prefiero la comida chatarra a la tuya.

15. No te disgustes cuando hablo entre dientes y me quejo si me pides que haga algo, ¡especialmente si hago lo que me pediste! Estoy enojado contigo porque me dices que haga algo y esta.es mi manera de dejar salir el enojo.

16. No uses la fuerza conmigo ni intentes obligarme a hacer lo que tú quieres. Esto me enseña a ser agresivo y a tener resentimiento, además me transmite que lo único que cuenta es la fuerza. También me hace resistirme y oponerme más. El resultado será que yo haga lo opuesto de lo que me pediste. Quiero que me trates como un adulto.

17. Aunque quiero que me trates como un adulto, a menudo me comportaré como un niño. En vez de hacer hincapié en esto, dime qué tengo y no tengo que hacer para ganarme más privilegios, responsabilidades y libertades como un adulto.

18. Trata de no comenzar una lucha de poder conmigo. En las luchas de poder siempre hay un ganador y un perdedor. Cuando yo era chico tú podías ganar casi siempre, pero ahora esto no será posible. Establece reglas y consecuencias para mi conducta y hazlas cumplir con calma y de manera práctica. Haz lo posible para que lleguemos a un acuerdo, así los dos podremos ganar.

19. Procura no exagerar ante algunas de las cosas que digo; muchas veces lo hago para que reacciones.
20. Aunque no lo parezca, necesito mucha comprensión, aliento y comentarios positivos. No puedo felicitarme a mí mismo, por lo que necesito que tú lo hagas por mí.
21. Trátame como tratas a tus amigos y yo también lo seré. Recuerda, aprendo más de un modelo que de un crítico.

# 34

## CONSEJOS PARA LOS ADOLESCENTES

1. Cuando tus padres no razonen, no trates de que lo hagan, sólo sonríe y di que sí. Esto los hace pensar, sentirse avergonzados o tal vez culpables. Nunca los dejes hablando solos porque los vuelve locos.

2. Cuando tus padres te den todo tipo de razones para justificar una regla o una decisión, escúchalos hasta que hayan terminado de hablar. Mantén la calma y luego toma las razones una por una y diles por qué no estás de acuerdo. No sabrán cómo manejar esto porque esperan que interrumpas, te enojes o seas irrespetuoso. Por supuesto, debes tener tus buenas razones, en caso contrario eres tú el que no reflexiona.

3. Si tus padres te niegan un pedido, no te permiten hacer algo o no te dan más libertad, no les preguntes: "¿Por qué?". Lo único que lograrás será otra razón que justifique el "no". En vez de preguntar "¿Por qué?" puedes decir: "¿Qué puedo hacer para que no me nieguen un privilegio, un pedido o más libertad?". La pregunta "¿Qué puedo hacer?" te dará alguna idea de lo que debes hacer para lograr un "sí".

4. Cuando tus padres se enojan, no es un buen momento para hacer lo mismo. Muchas de las veces no están enojados contigo sino con su jefe, el vecino o el costo de los comestibles. Lo que sucede es que tú estabas allí en el momento equivocado. Hazles creer que estás herido; húndete en un sillón y míralos con tristeza. Si esto no funciona, no te interpongas en su camino cuando estén de mal humor, porque ellos necesitan tiempo y espacio. Sal de la casa, ve a lo de un amigo o a tu habitación. En algún momento se calmarán y te extrañarán.

5. A veces, los padres son injustos y esto te hace enojar. No les digas lo que te molesta cuando tú o ellos están enojados o disgustados, cálmate y espera a que estén de buen humor. Habla sobre tus sentimientos más tarde o en un par de días.

6. Cuando les cuentes tus quejas, opiniones o pedidos, no seas insolente ni levantes tu voz, sino habla sobre el tema en un tono normal. Si gritas o eres insolente, sólo esucharán eso; si te mantienes en calma y hablas, tal vez te escuchen.

7. No crees situaciones en las que haya un ganador y un perdedor, ya que eres un chico y es probable que casi siempre pierdas. ¿Cuántas veces has puesto a tu madre en penitencia o le has quitado a tu padre los privilegios para hablar por teléfono? Procura llegar a un acuerdo y crear una situación en la que todos puedan ganar.

8. Si tienes problemas para hablar con tus padres o si se enojan cada vez que intentas decirles algo, escríbeles una nota y ponla en su almohada. A los padres les encantan las notas y probablemente las guarden para siempre.

9. De vez en cuando diles a tu mamá o tu papá que quieres salir a comer o a pasear sólo con él/ella. Al principio se preocuparán porque pensarán que vas a decirles algo terrible. Pero no, únicamente diles que a veces te agrada tenerlos para ti solo. Es probable que lloren o te abracen; sopórtalo.

10. Pasa un rato con tus padres en la misma habitación mientras miran televisión o leen. Siéntate y cuéntales sobre el colegio, tus amigos o algo que te interese. Al principio pensarán que estás tomando drogas, por tu cambio de conducta, pero luego cambiarán de idea y les encantará "tu nuevo yo".

11. Tú no haces favores a la gente que discute contigo o no te ayuda; si te comportas así con tus padres, es posible que no te ayuden cuando les pidas un favor como "¿Puedo dormir en lo de Jason?", "¿Puedo ir al partido de fútbol?", "¿Puedo usar el auto?". Trata de cooperar y minimizar los conflictos porque seguramente eso te favorecerá.

12. Una vez por día, pregúntales a tus padres: "¿Qué puedo hacer por ustedes?". La mayoría de las veces te dirán "nada" o te darán algo para hacer que te llevará un par de minutos. A ellos les encantará tu actitud y te verán como una persona que coopera. Cuando esto suceda, probablemente colaboren más contigo. También los puedes sorprender haciendo algo que en general no te han pedido. Le dirán a todos que eres el mejor hijo o la mejor hija que pueden tener y, es más, lo creerán.

13. Cuando tus padres estén discutiendo, vete, aunque quieras escucharlos. Tarde o temprano se enojarán contigo porque los escuchaste o por alguna otra cosa.

14. A veces, seguir algunas reglas tontas como apagar las luces, ordenar tu habitación o colgar la toalla después de ducharte te permitirá obtener concesiones importantes como salir hasta tarde, usar el auto o hablar por teléfono más tiempo.

15. Sé paciente con tus padres. Recuerda que están pasando por un período difícil de su vida y que también están procurando crecer. Ayúdalos a que todo funcione bien y bríndales tu amor y tu ayuda. Algún día te lo agradecerán.

# PREGUNTAS
# Y RESPUESTAS

**Probé de todo para cambiar la conducta de mi hijo pero nada funcionó. ¿Qué debo hacer ahora?**

Cuando trate de cambiar la conducta de su hijo para desarrollar la responsabilidad, mejorar los hábitos para hacer la tarea o disminuir la insolencia, debe tener en cuenta varios factores. Las respuestas que la mayoría de los padres me dan acerca de las técnicas disciplinarias, tienen que ver con una variedad de castigos; sin embargo, algunos chicos no responden cuando el castigo es el método principal de disciplina. La recompensa o la indiferencia ante ciertas conductas mejoran la manera en que se comporta.

Otra razón por la cual las técnicas disciplinarias no funcionan es la aplicación incongruente. Tal vez un día un padre pruebe una, al día siguiente pruebe otra y otra más tarde; no mantiene la misma técnica el tiempo suficiente. La incongruencia también aparece cuando no se usa la misma técnica todo el tiempo. Por ejemplo, la regla para cada insolencia de su hija es que ella pierda 15 minutos de tiempo para hablar por teléfono. Usted no es congruente si no sigue este procedimiento todos los días.

Pero aunque sea congruente con las técnicas, los métodos no funcionan si no se los prueba el tiempo suficiente. En general, no se puede cambiar las conductas de la noche a la mañana, por lo tanto, si un chico ha sido insolente durante diez meses, ningún método lo cambiará en un par de días. Sin embargo, algunos padres se dan por vencidos luego de tres o cuatro días y dejan de utilizar el procedimiento. Una conducta de varios meses no desaparecerá tan rápido.

Gran parte de la conducta que se observa en los chicos son hábitos o respuestas al entorno, que se han desarrollado gradualmente en un largo período de tiempo. Su hijo no comenzó a comportarse de esta manera una mañana; sus reacciones a determinadas situaciones fueron apareciendo de a poco y se intensificaron con el tiempo. Cuando examine la conducta de su hijo, debe observar tanto la conducta general como las mejoras pequeñas.

Otra razón por la cual las técnicas no funcionan es que tal vez las consecuencias no son importantes para el chico. Por ejemplo, a algunos chicos les molesta reprobar un examen, a otros no. Lo que un chico considera una recompensa, otro lo puede considerar un castigo. Las percepciones de los chicos cambian con el tiempo; lo que hoy es importante, tal vez mañana no sirva como motivación. Si el chico no considera importante o apropiada cierta consecuencia disciplinaria, esta no servirá como motivación.

Otra razón por la cual las técnicas no funcionan es que usted no adapta sus métodos a medida que su hijo crece. El tipo de control que usamos con un niño no necesariamente funciona con un adolescente o adulto joven. Se necesitan nuevas técnicas.

Algunas conductas o actitudes son típicas de la adolescencia y difíciles de cambiar. El adolescente cambia constantemente y se transforma en un adulto; trate de familiarizarse con los cambios normales que ocurren y de manejarlos de forma apropiada.

**Veo comerciales para hospitales psiquiátricos en la TV que hablan de "Señales de peligro en los adolescentes". Afirman que el malhumor, el cambio en la personalidad, las bajas calificaciones, la reclusión en la habitación, el alejamiento de las actividades familiares, etc. deben preocupar a los padres. Yo veo muchas de las llamadas "señales de peligro" en mi adolescente. ¿Qué debo hacer?**

No le crea a los comerciales. Hace algunos años, los profesionales sólo consideraban apropiada la hospitalización psiquiátrica de un adolescente cuando representaba un peligro para sí mismo o para los demás, o cuando tenía serios problemas emocionales. Hoy en día, con la proliferación de estos hospitales, el criterio es demasiado laxo. Se hospitaliza a los adolescentes por muchas razones, incluso antes de probar otros tratamientos. Desafortunadamente, el criterio para decidir si se lo hospitaliza depende de la cobertura. Los hospitales psiquiátricos son un gran negocio y, para ganar dinero, las camas deben estar ocupadas. Muchos usan "la publicidad del miedo" para hacer sentir culpables a los padres o mostrar que ciertas conductas comunes son señales de problemas que indican la necesidad de hospitalizar al chico. No les crea; familiarícese con las conductas comunes del adolescente; pida opiniones sobre la conducta de su hijo a profesionales de la salud mental que no estén relacionados con los hospitales.

**¿A qué edad debo permitirle a mi hijo sacar la licencia de conductor, quedarse solo en casa, empezar a tener citas, etc.?**

Estos tipos de preguntas tienen que ver con la edad a la que su hijo es lo suficientemente maduro o responsable para comenzar determinadas actividades. Es difícil dar una respuesta específica a estas preguntas porque cada chico es diferente y se lo debe tener en cuenta de forma individual. Para decidir cuándo podrá manejar, salir, etc. hay que tener presentes otros factores además de la edad.

La madurez y la responsabilidad no siempre se desarrollan al mismo tiempo. Un adolescente no madura necesariamente a los 14, 16 ó 18 años; no adquiere una responsabilidad apropiada a una edad predeterminada. Estas conductas se aprenden. Por ejemplo, si bien sería capaz de darle las llaves del auto a muchos chicos de 12 años que conozco, se las negaría a los adultos o adolescentes que no son maduros o responsables.

Si su adolescente no muestra un nivel apropiado de madurez o responsabilidad para su edad, todavía tiene que adquirirlo. Para obtener la licencia de conductor, etc., debe mostrar la conducta adecuada que le permitirá a usted confiar en él. En las claves sobre Responsabilidad y Confianza se describe qué hacer para ayudar al chico a que usted le tenga confianza.

**Mi hijo adolescente no es el mismo que cuando era un niño. ¿Qué puedo hacer para tener de vuelta a mi "antiguo niño"?**

No puede tener de vuelta a su "antiguo niño".

Cuando un chico se transforma en un adulto joven lucha por su **independencia** y manifiesta un número de cambios que son típicos. Los padres deben hacer las modificaciones correspondientes para relacionarse, tratar e interactuar con el chico eficazmente. No espere que un adolescente se comporte como un niño de diez años. Tratar con él de la manera adecuada reduce problemas y saca a relucir las cualidades positivas que tenía de niño.

**Mi hijo solía salir a comer con nosotros, miraba televisión con nosotros, iba a la casa de la abuela y participaba de las actividades familiares. Ahora parece que nos evitara, quiere quedarse solo y prefiere estar con sus amigos antes que con la familia. ¿Qué debo hacer?**

Deje que el chico crezca. Esta es una conducta típica de los adolescentes; no exagere. Siga pidiéndole a su hijo que participe de las actividades familiares o que lo acompañe a algunos lugares, pero no se ofenda si se niega. A esta edad, él prefiere hablar por teléfono o estar con sus amigos que con su familia. Obligarlo a hacer lo contrario sólo aumenta el resentimiento y la distancia con la familia.

**Cuando nuestro hijo era un niño, siempre se comunicaba con nosotros: nos contaba lo que sucedía en el colegio, lo que hacían sus amigos, etc. Ahora nos habla sólo cuando es necesario y no sabemos lo que pasa en su vida. ¿Qué debemos hacer para que nos hable?**

Muchos adolescentes no se comunican con nosotros de la misma manera que cuando eran más chicos; por lo tanto, se pueden hacer varias cosas para aumentar la comunicación.

Trate de proveer oportunidades para estar junto con su hijo; a fin de que la comunicación tenga lugar, ambos deben estar presentes.

Ya que la comunicación disminuye, la mayor parte de la interacción verbal de los padres con los hijos apunta al propósito de hacerles entender algo, enseñarles algo, hacerles ver una situación desde un enfoque diferente, cambiar su actitud, etc. Es decir, hablamos con el chico para algo más que para conversar. Una manera de aumentar la comunicación es hablar sin otro propósito que el mero hecho de hacerlo; hable de lo que le interesa a él: deportes, música, autos, etc.

Algunos adolescentes me cuentan que cuando hablan con sus padres, inevitablemente estos los sermonean; los adolescentes creen haber escuchado lo mismo cien veces y terminan ignorándolos.

A menudo, la comunicación que tenemos con nuestros hijos es negativa, como por ejemplo: "Olvidaste sacar la basura", "Limpia tu habitación", "Haz tu tarea", "Te olvidaste las zapatillas en el comedor", etc. Si la mayor parte de la comunicación es negativa, él la evitará y le hablará cada vez menos. En vez de eso, háblele sobre sus logros, aciertos y buenas conductas tan seguido como de sus fallas, errores y conductas inapropiadas. Sea positivo.

Algunos padres hablan demasiado, formulan preguntas y proveen ellos mismos las respuestas. Cállese y escuche; deje hablar a su hijo. Además, cuando él le hable, centre su atención en él. Si su hijo comienza a hablar cuando usted está mirando televisión y usted sigue mirando, la comunicación disminuye. Apague el televisor, baje el periódico; préstele total atención.

También piense primero y abra la boca después. No exagere ante lo que dice su hijo ni reaccione sin darse tiempo para pensar; muchas veces los chicos dicen cosas para que sus padres se disgusten o reaccionen. No reaccionar puede ser la mejor forma de comunicarse; además, los padres dicen que "no" automáticamente. Piense un poco antes de decir "no".

Reconozca que el adolescente tiene opiniones y valores distintos de los suyos y necesita expresarlos. La frase: "Los chicos están para que se los mire, no para que se los oiga" no promueve la comunicación. Nosotros queremos que el adolescente se comunique. Ya que están desarrollando opiniones y actitudes individuales que son diferentes de las nuestras, los desacuerdos forman parte de la comunicación. Para saber qué le desagrada al chico del entorno familiar, qué le gustaría cambiar, cómo le gustaría que lo tratasen, etc., tenemos que estar abiertos a la comunicación. Deberíamos aceptar sentimientos que no se parezcan a los nuestros. Además, no es lo que él dice, sino cómo y en qué tono lo dice. Si expresan las diferencias de una manera adulta, deberíamos escucharlos.

**Parece que todo lo que digo irrita a mi hija. Le pregunto: "¿Cómo te fue hoy?" y me responde de manera hiriente o insolente. ¿Cómo trato este tipo de conducta?**

Ya dijimos que los adolescentes no se comunican con tanta frecuencia como cuando eran niños. Evite preguntar demasiado y no persiga un tema que el chico no quiere discutir. Los cambios los hacen más propensos que los niños, a tener un "mal día", y esta puede ser la razón de las reacciones negativas. Observe su propia respuesta hacia su hijo y asegúrese de no reaccionar de la misma manera negativa que él.

**Mi hija se comporta como si yo la avergonzara: no trae amigos a casa; en el paseo de compras camina delante o detrás de mí para que no la vean conmigo. ¿Qué debo hacer?**

Esto es típico de los adolescentes y por eso no debe ofenderse. Los padres representan valores, ideas, vestimentas y métodos antiguos. En general, si usted no exagera, el adolescente lo entiende y no se avergüenza tanto.

**¿Por qué mi hijo es tan vago? Antes le gustaba hacer cosas en la casa; ahora el trabajo es una mala palabra que debe evitar.**

Su hijo no es vago, sino que sus prioridades han cambiado. Cuando tenía diez años, tenía una mochila que pesaba 5 kilos y debía poner allí 2 kilos de intereses: el colegio, los juegos y Bugs Bunny. Ahora es un adolescente y todavía tiene la misma mochila de 5 kilos pero debe ubicar allí 10 kilos de actividades: los partidos de fútbol, las charlas telefónicas, el sexo opuesto, los amigos, las fiestas, la música, etc. El trabajo está muy al final de la lista de prioridades y, en consecuencia, no es una de las cosas que quiere poner en la mochila.

**¿Por qué mi hija se pone tan contradictoria y obstinada cuando me enfrento con ella o cuando comenzamos una lucha de poder?**

Cuando los hijos son niños, los padres comienzan luchas de poder que generalmente ganan. Sin embargo, cuanto más se enfrente a un adulto joven, más oposición y terquedad encontrará. Ya no está tratando con un niño, de modo que las técnicas que usa deben cambiar. Trate a su adolescente del mismo modo que a sus amigos o sus compañeros de trabajo. Evite los enfrentamientos, las luchas de poder, etc. en los que haya un ganador y un perdedor, ya que esta vez no ganará la mayoría de las veces.

**Siento que mi hijo y/o familia se beneficiarán yendo a terapia, pero él no quiere ver a un psicólogo. ¿Qué debo hacer?**

A muy pocos adolescentes les entusiasma la psicología. Si yo sólo atendiera a adolescentes que quisieran verme, estaría desempleado. Muchos chicos piensan que el consultorio del terapeuta es un lugar en el que los adultos se ponen en su contra y los hacen obedecer a los padres. Si le dice a su hijo que va a terapia por su problema, él se resistirá, ya que la mayoría no siente que tengan un problema. No ponga la responsabilidad sobre los hombros del adolescente; dígale que usted necesita ayuda para tratar algunas situaciones. La terapia es una manera para aprender a tratar a su hijo.

La primera vez que me encuentro con un adolescente intento que se sienta cómodo y le digo que preferiría estar pescando y no sentado en mi consultorio hablando con él. No es que no me guste hablar con él o que no me guste mi trabajo, lo que sucede es que me sentiría más feliz pescando que trabajando. Luego le digo que el propósito de nuestra reunión es identificar los cambios en su vida. Estos pueden ser cambios en el colegio, con los padres, en casa, con los amigos, etc. Es mucho mas fácil para el adolescente hablar de las fallas de los padres y de los profesores que hablar de él mismo. Este es un buen comienzo. Además, les da la idea de que no son ellos los que tienen que hacer todos los cambios. Los problemas existen en otros lados.

**Mi hijo no me escucha. Tengo que decirle cien veces que haga algo o tengo que disgustarme y gritar para que me preste atención y me obedezca. ¿Cómo puedo hacer para que me escuche?**

Que su hijo se rehúse a escuchar es un problema común cuya causa puede ser la incongruencia con que usted aplica los métodos para tratarlo. Algunos padres no siguen lo que dicen hasta las últimas consecuencias, por lo tanto, los chicos sienten que no hay razón para escuchar. Diga lo que piensa y piense lo que diga y cumpla lo que le dijo que iba a hacer. Trate a su hijo como trataría a otro adulto; plantéele lo que espera de él y cuáles serán las consecuencias, luego relájese y haga lo que la conducta de su hijo le indique. Evite estarle encima, repetir ciertas instrucciones demasiadas veces y gritar. Todo esto aumenta el resentimiento y disminuye la posibilidad de que lo obedezca.

**Parece que siempre estuviera batallando con mi hijo. Todo es una pelea. ¿Qué puedo hacer para detener esto?**

En la adolescencia, su hijo desarrolla algunos valores e ideas. Usted debe seleccionar qué batallas quiere pelear; es decir, si está luchando con su hijo por diez cosas diferentes, de las cuales sólo tres son importantes, es probable que él lo contradiga en las diez. Sin embargo, si reduce la cantidad de batallas a tres importantes, tendrá más chances de ganar. Por ejemplo, en una batalla sin importancia que presencié hace poco, los padres de un adolescente que siempre se sacaba 9 y 10 en un buen colegio lo molestaban continuamente para que hiciera la tarea y estudiara, aunque el chico era muy responsable y hacía todo lo que debía. ¿Para qué tener este tipo de lucha si el problema no es serio? En esta categoría de cosas de poca importancia se pueden incluir: la habitación desordenada, la manera de vestirse, la música que escucha, etc. Concéntrese en las cosas importantes. Otra manera de reducir las batallas es evitar el enfrentamiento y las luchas de poder.

**Mi hijo me contesta; no está de acuerdo ni con mis opiniones ni con mis sugerencias; antes me obedecía, ahora tiene sus propias ideas. ¿Qué sucedió?**

Esta conducta es típica y el contenido de las conversaciones es menos problemático que el modo en que él se expresa. No exagere su reacción cuando su hijo opine diferente; hable sobre las diferencias como un adulto inteligente. El chico se está transformando en un adulto joven y es normal que piense de forma independiente.

**¿Cómo me doy cuenta de que la conducta de mi hijo es normal y típica o que debería preocuparme por ella?**

Al decidir qué es normal y qué esperar de su hijo, tenga en

cuenta varios factores y familiarícese con los cambios característicos de los adolescentes.

¿Con cuánta frecuencia se comporta de esta manera? A veces, los chicos son insolentes y no escuchan, pero demasiado malhumor sale de lo normal.

¿Interfiere la conducta con la capacidad del chico para funcionar? A la mayoría no le gusta hacer la tarea, pero igual cumplen con ella. Si la conducta no lo deja desempeñarse como un chico normal, se lo debe considerar anormal.

¿Interfiere la conducta con los demás? La mayoría se pelea con sus hermanos. Sin embargo, si esto se convierte en un patrón continuo interrumpirá el buen funcionamiento del hogar. Si la conducta interfiere de manera significativa en la rutina, la conducta y las actividades de los demás, se desvía de la norma.

De todas maneras, debe permitir que haya diferencias individuales. Cada chico tiene una personalidad diferente: uno puede ser sensible, otro charlatán, un tercero tímido. Al determinar la normalidad de la conducta, piense en el individuo. También tenga en cuenta las diferencias y las expectativas de la familia. Mientras que usted espera que su hijo diga "sí señora" y "no señor", a otro padre esto le puede parecer poco razonable.

Consulte a expertos que sepan sobre las conductas de los chicos. Los profesores, los entrenadores, los profesores de danza y otras personas que trabajan con chicos están familiarizados con la conducta normal de cada edad. Aunque no puedan explicarle ciertas conductas o formas para tratar con ellas, son capaces de identificar con facilidad las conductas poco usuales que difieren de las normales para un chico de esa edad. Escuche a esta gente.

Si todavía piensa que la conducta de su hijo se desvía de la norma, consulte a su pediatra o a un profesional de la salud mental que se especialice en chicos/adolescentes. Es posible que le pueda brindar información o indicaciones.

**¿Por qué mi hijo valora las opiniones y sugerencias de sus amigos más que las mías? Rechaza mis consejos pero acepta los de sus pares.**

Al comienzo, nosotros tenemos una gran influencia sobre nuestros hijos y sus pares tienen poca, pero en algún momento de la secundaria, nuestra dominación disminuye. Ese es el momento en que la influencia de sus pares crece rápidamente hasta sobrepasar la nuestra. Este es un patrón bastante típico. Con suerte, en los años anteriores ayudó a su hijo a construir una buena base moral y le inculcó valores duraderos. Procure no exagerar ante las influencias externas y trate de que su hijo tenga amigos que generen un buen efecto.

**Mi hija dice que ella nunca hace nada mal. ¿Qué hago para que asuma la responsabilidad de sus acciones?**

En la Clave sobre la responsabilidad se dieron algunos consejos para inculcarle. Estas técnicas ayudan al chico que no acepta la culpa de sus errores y fallas. En general, usted debe explicar las reglas y las consecuencias con anterioridad y poner la responsabilidad de la conducta sobre los hombros de su hijo. No lo moleste ni le recuerde ni le grite; relájese y haga lo que la conducta le indique. Si esta merece una recompensa, es un logro del chico; si se necesita una consecuencia negativa, también es su decisión.

Si su hijo es manipulador y pone excusas para alivianar las consecuencias de sus conductas, no lo permita; detenga la manipulación; vigile sus coartadas para que esta conducta no siga siendo eficaz. Si las excusas funcionan, persistirán; de lo contrario, es probable que disminuyan.

# GLOSARIO

**Sobornar** quiere decir pagar por una conducta ilegal o inapropiada. El "arreglo" de una boleta de tránsito incluye un soborno. Los sobornos se diferencian de las cosas positivas o recompensas. Por ejemplo, ir a trabajar por las consecuencias positivas y no por los sobornos. Las recompensas y las consecuencias positivas son métodos eficaces para manejar a los chicos, pero no los sobornos.

**Ser congruente** es decir lo que piensa, pensar lo que dice y seguirlo hasta las últimas consecuencias. No diga nada que no pueda o no quiera hacer. Cumpla con todo lo que dice. Esta es la base de un manejo eficaz de la conducta y, sin él, las técnicas que utiliza con su hijo no funcionarán.

Los padres son incongruentes cuando las amenazas no son verdaderas, tales como: "Si le vuelves a pegar a tu hermano, te rompo los brazos". Las declaraciones exageradas como: "Estás castigado hasta los 18" son otra señal de incongruencia. Decirle a un chico que no puede hacer algo y permitírselo traerá problemas.

**Las reglas y consecuencias** eficaces son las que se plantean antes de que se rompa la regla. Se debe explicar claramente tanto la regla como la consecuencia de la conducta del chico. Si bien no es posible hacerlo todo el tiempo, se lo debería implementar con frecuencia. Dígale a su hijo: "Esto es lo que espero que hagas y esto es lo que va a suceder si lo haces". Esta técnica eficaz de manejo de la conducta desarrolla la responsabilidad.

**La regla de la abuela** es un modo eficaz de establecer reglas y consecuencias: "Tú haces lo que yo quiero y después yo haré lo que tú quieres" o "Haz lo que yo quiero y luego pue-

204

des hacer lo que tú quieres". Otros ejemplos: "Termina tu tarea y luego podrás hablar por teléfono", "No podrás usar el auto hasta que tu habitación esté ordenada".

**La indiferencia o la falta de consecuencias** incluye no prestar atención a la conducta, no seguir la conducta con un resultado positivo o negativo. Este método de disciplina es eficaz.

**Las recompensas intrínsecas** son autorrecompensas o conductas que se llevan a cabo porque se está bien. Darse una palmadita en la espalda por haber hecho un buen trabajo o comenzar una conducta porque la disfruta, son recompensas intrínsecas.

**Las recompensas materiales** son generalmente cosas materiales o concretas que el chico valora, tales como figuritas coleccionables, cierto par de zapatillas o un póster en su habitación.

**Las consecuencias naturales** son técnicas para establecer reglas que aplican consecuencias naturales o lógicas a partir de una conducta en particular (p. ej., si no comes, tendrás hambre; si no haces la tarea, obtendrás una mala calificación). Esta es una manera eficaz para cambiar ciertas conductas, pero las consecuencias naturales deben ser importantes para el chico. Por ejemplo, si al chico no le importa tener la ropa limpia, la consecuencia natural de no poner la ropa sucia en el canasto correspondiente y que esta no esté limpia, no será eficaz para cambiar su conducta.

**El castigo físico** son los chirlos, los golpes y tener mayor poder físico sobre los chicos. Esta ineficaz forma de castigo falla con los adolescentes.

**El castigo o las consecuencias negativas** son los que el chico no disfruta, incluyendo el retiro de las recompensas positivas.

**La disciplina al azar** ocurre cuando los padres establecen con anterioridad la regla o la expectativa pero no la consecuencia de la conducta. Por ejemplo, la orden "No quiero que te pongan amonestaciones esta semana" es demasiado ambigua. No da ninguna advertencia sobre lo que hay que esperar. Se establece maravillosamente la expectativa para la conducta adecuada, pero se espera a que se rompa la regla para determinar la consecuencia. Al disciplinar a su hijo de esta manera, el manejo se hace difícil: aumenta la ira; el chico no se siente responsable por lo que le sucede; los padres se sienten culpables por lo que han hecho o por lo que le quitaron al chico. Evítelo.

**El castigo de costo de respuesta** es una forma efectiva de castigo que se construye sobre un sistema en el que el chico recibe una multa y/o pierde privilegios y actividades como resultado de su conducta. La filosofía de este sistema dice: "Cuando hagas algo mal, te costará algo".

**Las recompensas o consecuencias positivas** son cualquier cosa que sea importante para el chico o que disfrute, tales como las actividades que valora: más tiempo para hablar por teléfono, quedarse levantado hasta más tarde, invitar a un amigo a dormir. También pueden incluir actividades que cuesten dinero, tales como alquilar una película, pedir una pizza, jugar al pool.

**Las recompensas sociales** incluyen los elogios, el reconocimiento y los comentarios positivos por la buena conducta. Estas son las herramientas más poderosas para una recompensa que los padres poseen y no cuestan nada. La recompensa social, los comentarios positivos y la aprobación no verbal son muy importantes en el manejo de la conducta.

**El castigo del tiempo muerto** es una forma eficaz de castigo que le quita al chico la actividad que disfruta. Por ejemplo, mientras mira su programa de televisión favorito, molesta a su hermano y lo mandan a su habitación.

**El castigo verbal** incluye gritos, críticas, insultos, sermones, hacerlo sentir culpable, avergonzado o temeroso. Esta forma ineficaz de castigo debería evitarse.

# INDICE DE TEMAS

# INDICE

# OTRAS GUÍAS PARA PADRES

## CLAVES PARA CONVERTIRSE EN UN BUEN PADRE

### DR. WILLIAM SEARS

Los padres tienen hoy un rol más importante que nunca. Un experimentado médico, pediatra y padre él mismo, comparte con los hombres todos los aspectos de la paternidad, desde asistir al parto hasta compartir con la mamá el cuidado del hijo. Sobre todo, este libro enseña que la función del padre da felicidad.

## CLAVES PARA DISCIPLINAR A LOS HIJOS

### ESTEBAN NELSON SIERRA

Disciplinar a un niño es un largo camino que se comienza a recorrer desde el primer minuto de vida. Desde la premisa de que poner límites es algo que le damos a un hijo y castigarlo algo que le hacemos, el autor explica qué actitudes podemos tomar para que las normas no queden como una herida.

# CLAVES PARA CRIAR UN HIJO ADOPTADO

### KATHY LANCASTER

Preparación para la inserción, creando vínculos afectivos, desarrollando la autoidentidad y autoestima del niño, en sus etapas de crecimiento. La autora nos presenta una serie de actitudes y respuestas para criar hijos felices y bien adaptados, así como también la forma de integrarlos en la familia, responder a sus preguntas respecto de la adopción y mucho más.

# CLAVES PARA QUE LOS HIJOS SUPEREN EL DIVORCIO DE SUS PADRES

### ROSEMARY WELLS

El divorcio nunca es fácil para el niño. Cuando sus padres se separan, los niños tienen fuertes sentimientos de culpa y pérdida, y su autoconfianza, sus relaciones y su escolaridad sufren el impacto. Un libro invalorable para padres, abuelos y todos los que quieren ayudar a los niños a comprender lo que están viviendo.

# CLAVES PARA ESPERAR Y CUIDAR TU BEBÉ

### DR. WILLIAM SEARS

Consejos prácticos sobre la salud de la madre y del bebé antes del parto, y la crianza del bebé durante los primeros meses. El Dr. Sears aconseja acerca de la vinculación afectiva, la alimentación, el baño, la crianza y todos los detalles que la madre y el padre necesitan saber.

# CLAVES PARA NIÑOS CON PROBLEMAS PARA DORMIR

### SUSAN E. GOTTLIEB

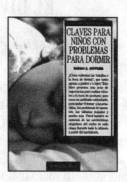

¿Cómo enfrentar las "batallas a la hora de dormir", que tanto agotan a padres y a hijos? Este libro presenta una serie de sugerencias para realizar rituales a la hora de acostarse, para crear un ambiente estimulante, para quitar el temor a las pesadillas, los problemas de insomnio, las sábanas mojadas y mucho más. Usted también se enterará de las características singulares del sueño en cada etapa durante toda la infancia, a partir del nacimiento.

# CLAVES PARA DEJAR LOS PAÑALES

## MEG ZWEIBACK

Una pediatra y consultora familiar aconseja cuándo comenzar el entrenamiento para el control de esfínteres y ofrece una guía para ese proceso de aprendizaje. También analiza otros problemas habituales: la resistencia y los períodos temporarios de regresión, constipación, enuresis, y varios desafíos que se presentan a muchos padres.

# CLAVES PARA UNA SALUDABLE SEXUALIDAD DE TUS HIJOS

## CHRYSTAL DE FREITAS

Este libro los ayudará a entender el desarrollo sexual, físico y emocional de sus hijos, desde sus primeros años hasta su pubertad. Explica qué necesitan conocer acerca del sexo los niños, en las sucesivas etapas de su crecimiento. Ofrece también respuestas y consejos sobre todas las cuestiones relacionadas con la sexualidad infantil.

# CLAVES PARA HABLARLE DE DIOS A TU HIJO

## RICK OSBORNE

¿Por qué no puedo ver a Dios? ¿Por qué es tan importante la Biblia? ¿Para qué vamos a la iglesia? ¿Qué debo decir cuando rezo? Una guía práctica para los padres que quieren responder a sus hijos preguntas de este tipo y acercarlos a las virtudes de la vida espiritual.

# CLAVES PARA FORTALECER A NIÑOS SENSIBLES

## JANET POLAND • JUDI GRAIG

Para los niños sensibles, el mundo puede ser un lugar hostil e incómodo. Para sus padres, la vida puede ser una frustración incesante. ¿Se trata de prever y evitarles las situaciones frustrantes? ¿De hacerles la vida más llevadera? ¿O de enseñarles a atravesar los momentos difíciles sin desmoronarse en el intento? Esta guía ofrece valiosas ideas para fortalecerlos y, al mismo tiempo, conservar su sensibilidad.

# CLAVES PARA PADRES CON HIJOS MUY DEMANDANTES

### JANET POLAND • JUDI GRAIG

¿Qué hacer cuando no saben hacerse de amigos, comen sólo dulces, tienen berrinches cada vez que les decimos "no", cuando odian todo, critican todo y piensan que hacemos todo mal? Esta guía ayuda a entender por qué algunos hijos son tan difíciles y ofrece consejos precisos y considerados para ayudarlos –a ellos y a ustedes mismos– a enfrentar los desafíos cotidianos de la vida.

# CLAVES PARA HABLAR DE LA MENSTRUACIÓN CON TU HIJA

### JESSICA B. GILLOOLY, Ph.D.

A los 9, 10, 11, 12 años, antes de que tu hija tenga su primer período, es el momento oportuno para abrir el diálogo sobre el desarrollo de su cuerpo femenino.
¿Qué debe saber? ¿Qué desea saber? ¿Y si no se interesa? ¿Cuáles son sus temores emocionales y prácticos? Este libro responde todas las inquietudes que desearías que tu madre te hubiera explicado.

# CLAVES PARA DESARROLLAR LA AUTOESTIMA DE SUS HIJOS

**CARL PICKHARDT, Ph.D.**

La autoestima positiva no es una especie de moda popular ni un delirio New Age: es una antigua necesidad humana, capaz de sustentar en parte la existencia feliz y saludable de los individuos y los grupos familiares. Y los padres disponemos de muchos recursos para ayudar a que nuestros hijos la desarrollen a medida que crecen.

# CLAVES PARA CRIAR UN HIJO LIBRE DE DROGAS

**CARL PICKHARDT, Ph.D.**

Todo lo que los padres necesitan saber acerca del uso de drogas por adolescentes. El Dr. Pickhardt ofrece una serie de estrategias realmente efectivas para crear una mejor atmósfera familiar de vida sin necesidad de drogas. También explica cómo reconocer cualquier signo de uso y cómo actuar ante cada situación.